Sciences & technologie 6e

Mon cahier d'exploration

Éric DONADEI
Collège Grandville (Liverdun)

Fabienne DONADEI
Collège Notre-Dame Saint-Sigisbert (Nancy)

Émeline LACOUR
Collège Bétance (Muret)

Stéphane PAYEN
Collège Charles-de-Gaulle (Bû)

Joëlle PRINZ
Collège de la Largue (Seppois-le-Bas)

Sandy VRIGNAUD
Collège Val de Charente (Ruffec)

hachette
ÉDUCATION

Nous tenons à remercier les enseignantes et enseignants qui, par les avis qu'ils ont exprimés lors de différents entretiens, nous ont aidé(e)s à élaborer cet ouvrage.

Édition : Anne-Emmanuelle Félix et Sylvie Fleur
Maquette de couverture et intérieure : Anne-Danielle Naname
Mise en pages : Grafatom
Schémas et dessins : Grafatom
Illustrations : Lionel Buchet et Dafne Saporito
Fabrication : Miren Zapirain

Hachette Éducation s'engage pour la préservation de l'environnement

Depuis plusieurs années, nous mettons en place **des solutions innovantes et écoresponsables,** en concertation avec nos fournisseurs, pour **limiter notre empreinte carbone et diminuer l'utilisation du plastique,** en suivant **5 grands objectifs :**

1. **Optimiser les formats** des ouvrages
2. **Utiliser** du papier **certifié**
3. **Réduire** autant que possible **le grammage du papier**
4. **Supprimer** peu à peu **le pelliculage plastique** de nos couvertures
5. **Imprimer** nos ouvrages **en France ou en Europe.**

hachette-education.com
© Hachette-Livre 2022
58 rue Jean Bleuzen
92178 Vanves Cedex

ISBN : 978-2-01-787529-1
(ISBN à utiliser pour toute commande de l'ouvrage)

PAPIER CERTIFIÉ

hachette s'engage pour l'environnement en réduisant l'empreinte carbone de ses livres. Celle de cet exemplaire est de :
700 g éq. CO_2
Rendez-vous sur www.hachette-durable.fr

Sommaire

Thème 1 Matière, mouvement, énergie, information

Thème 2 Le vivant, sa diversité et les fonctions qui le caractérisent

Thème 3 Matériaux et objets techniques

Thème 4 La planète Terre. Les êtres vivants dans leur environnement

ACTIVITÉ

1 Diversité de la matière

➜ Mettre en œuvre des observations et des expériences pour caractériser un échantillon de matière

exploration 1
hachette-clic.fr/22st6001

Des élèves participent au ramassage des déchets dans un parc près du collège. Pour bien trier ces déchets avant de les emmener à la déchetterie, il faut reconnaître la matière qui les compose.

Quelles sont les différentes formes de la matière ?

- **Utilise tes connaissances pour répondre aux questions suivantes.**

– Recycler, c'est réutiliser : ☐ Vrai ☐ Faux

– Tout se recycle : ☐ Vrai ☐ Faux

J'explore et j'expérimente

1 Clique sur les objets dans l'exploration 1 pour observer la diversité de la matière. Complète les définitions suivantes.

- Je suis transparent, résistant, dur et recyclable à l'infini par fusion. Je suis un ....
- Je suis opaque, imperméable, recyclable, résistant aux chocs et aux températures. Je suis un ....
- Je suis fabriqué uniquement par l'être humain, léger, recyclable, pratiquement incassable et j'ai une longue durée de vie. Je suis un ....
- Je suis inerte, composé de cristaux, résistant et non recyclable. Je suis un ....
- Je suis d'origine animale ou végétale. Je suis une ....

2 À l'aide de l'exploration 1, relie chaque déchet à sa poubelle.

Règle plate en aluminium •	• Poubelle « déchets verts »
Pot de fleur en céramique •	• Poubelle « gravats »
Bouteille en verre •	• Poubelle « métaux »
Emballage de bonbons •	• Poubelle « plastiques »
Feuilles mortes •	• Poubelle « verres »

3 Navigue dans **l'exploration 1** pour voir des objets à différentes échelles.

4 **Observe du granite et une feuille d'arbre à la loupe binoculaire. Réalise le dessin d'observation de la feuille** **(voir méthode p. 49).**

Roche : constituée de différents minéraux.

Observation du granite à l'œil nu (grossissement × 1)

Observation du granite à la loupe binoculaire (grossissement × 40)

Feuille : constituée de nervures.

Observation d'une feuille à l'œil nu (grossissement × 1)

Dessin d'observation d'une feuille vue à la loupe binoculaire (grossissement × 40)

➜ Utiliser le matériel adapté pour mener une observation [D2]

Je retiens

- **Complète le texte suivant.**

La matière qui nous entoure est diverse : elle peut être sous forme de ...., de ...., de ...., de ...., de ....

Le mot de l'activité

- **Choisis ton mot de l'activité dans le Mini-dico et recopie sa définition :**

....

....

....

TEST FLASH

Réponds au test de **l'exploration 1**.

1 : .... 2 : ....

3 : .... 4 : ....

ACTIVITÉ

2 État physique et température

➔ Mettre en œuvre des observations et des expériences pour caractériser un échantillon de matière

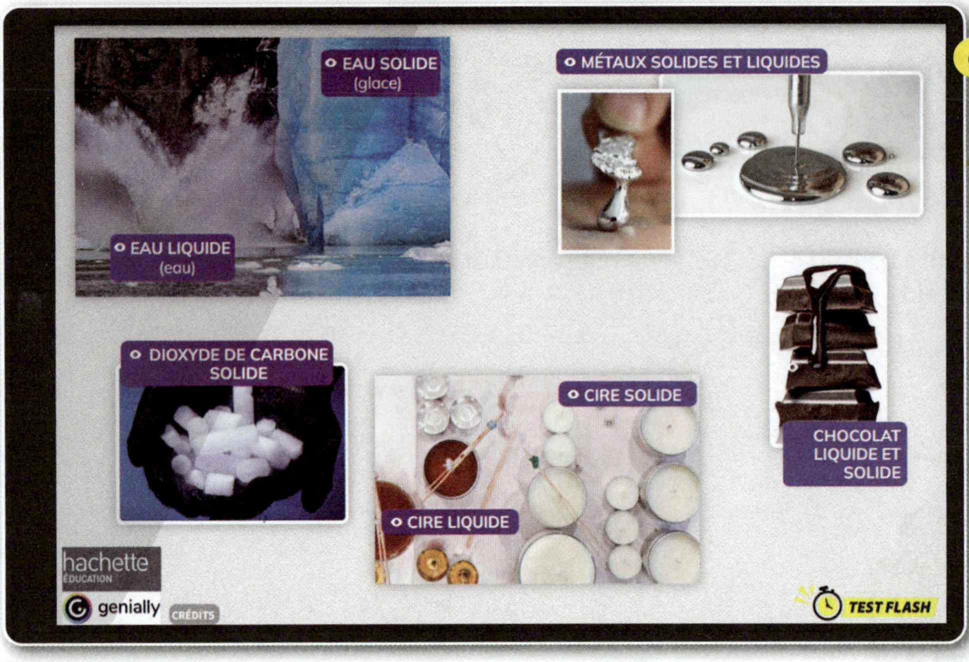

exploration 2
hachette-clic.fr/22st6002

L'eau n'est pas toujours dans l'état liquide. Comme l'eau, les autres substances peuvent être dans différents états physiques.

De quoi dépend l'état physique d'une substance ?

- **Utilise tes connaissances pour compléter les phrases suivantes.**

Une substance peut être à l'état de ...., de ...., de ....

La température se mesure avec un ....

J'expérimente

1 Hypothèse

Je pense que l'état physique d'une substance dépend de sa température : ☐ Vrai ☐ Faux

2 Expérience

Voici le matériel nécessaire pour tester ton hypothèse.
Complète et remets dans l'ordre chaque étape du protocole page suivante.

Matériel nécessaire

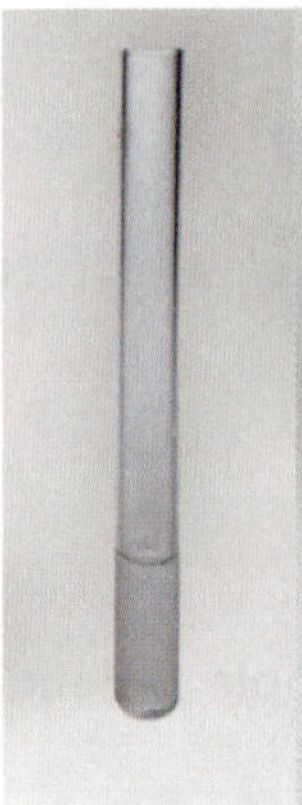
Tube à essai avec de l'eau

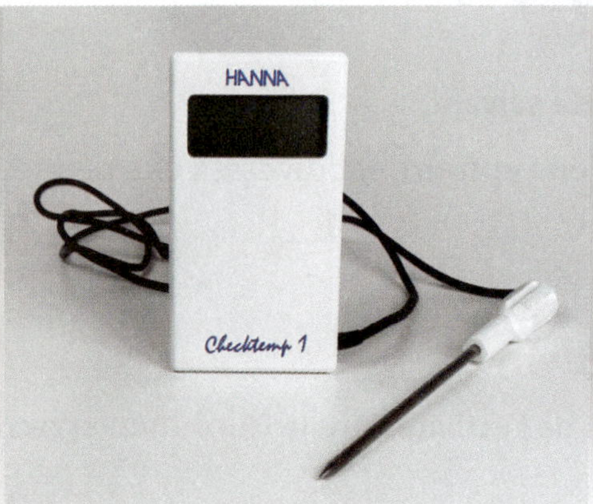

Thermomètre

Récipient contenant du liquide réfrigérant (alcool ménager très froid)

Protocole

Étape 1 •	• Attends quelques minutes pour que toute .... se transforme en glace.
Étape 2 •	• Place le tube dans le ....
Étape 3 •	• Place la sonde du .... dans l'eau qui se trouve dans le tube à essai.
Étape 4 •	• Lis la .... sur le thermomètre.
Étape 5 •	• Lis à nouveau la .... sur le thermomètre.

➜ Proposer des expériences simples pour tester une hypothèse [D4]

3 Résultats observés

Réalise le protocole avec l'aide de ton enseignant(e) et note tes résultats ci-contre. Tu peux aussi regarder les documents et les vidéos d'expérience de l'exploration 2 .

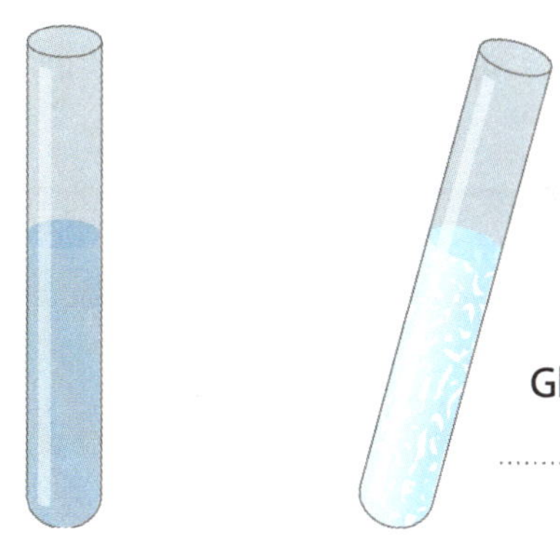

4 Interprétation des résultats et conclusion

Observe tes résultats puis réponds ci-dessous.

- J'observe que la température au début de l'expérience est différente de celle à la fin de l'expérience pour l'eau et les autres substances :
  ☐ Vrai ☐ Faux.
- Or je sais que l'eau et les autres substances ont changé d'état : ☐ Vrai ☐ Faux.
- J'en conclus que ....
- Mon hypothèse est : ☐ validée ☐ invalidée

Je retiens

- **Complète le texte suivant.**

L'état physique (.................., ..., ...) d'un échantillon de matière dépend des conditions externes, notamment de sa ....

Le mot de l'activité

- **Choisis ton mot de l'activité dans le Mini-dico et recopie sa définition :**

....

....

....

TEST FLASH

Réponds au test de l'exploration 2 .

1 : .... 2 : ....

3 : .... 4 : ....

ACTIVITÉ 3

Quelques propriétés de la matière

➜ Mettre en œuvre des observations et des expériences pour caractériser un échantillon de matière

exploration 3
hachette-clic.fr/22st6003

Apolline et Sofiane veulent faire un gâteau au caramel. Ils ont besoin de sucre mais les bocaux de sucre et de sel ne sont plus identifiables. Pour remuer le caramel, ils ont le choix entre une cuillère en bois et une cuillère en inox.

Dans quel bocal se trouve le sucre ?
Quelle cuillère utiliser pour ne pas se brûler ?

Avant de commencer...

- **Utilise tes connaissances pour relier chaque substance à sa forme de matière.**

Sel •	• Minéraux
Sucre •	• Matière issue du vivant
Bois •	• Métaux
Inox •	

Je relève un défi

J'identifie les résultats des expériences de solubilité et de conductivité thermique.

J'utilise mes connaissances : un solide qui se dissout dans l'eau disparaît.

J'utilise mes connaissances : un solide qui se refroidit vite conduit bien la chaleur.

Je donne une explication aux résultats.

➜ Interpréter un résultat, en tirer une conclusion [D4]

1 **Pour répondre aux deux questions du défi, réalise les deux expériences avec les protocoles A et B ci-dessous.**

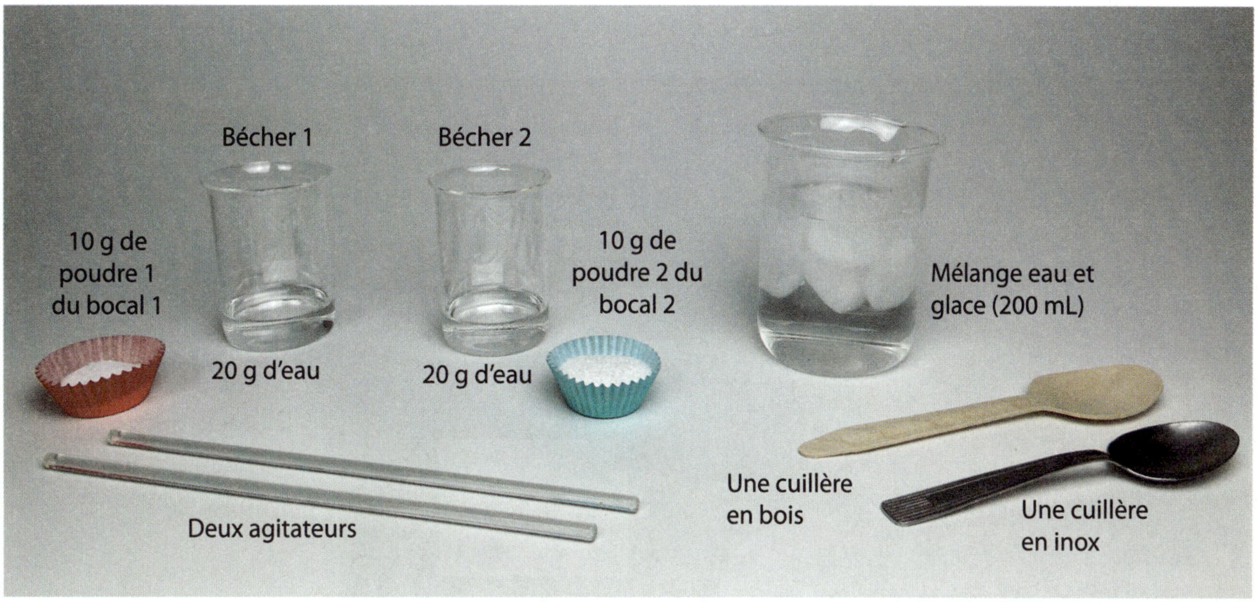

Protocole A
1. Verse toute la poudre 1 dans le bécher 1 et toute la poudre 2 dans le bécher 2.
2. Agite longtemps avec les agitateurs et observe.

Protocole B
1. Plonge les deux cuillères dans l'eau glacée en même temps.
2. Attends deux minutes.
3. Touche les deux manches de cuillère.

2 **Note tes résultats.**

– Solubilité dans l'eau :
Toute la poudre 1 disparaît : ☐ Oui ☐ Non
Toute la poudre 2 disparaît : ☐ Oui ☐ Non

– Conductivité thermique : le manche de cuillère le plus froid est celui en ....

3 **Interprète tes résultats et conclus.**

– La poudre ...... est plus soluble que la poudre ...... donc le bocal ...... contient le sucre.

– L'.................. conduit mieux la chaleur que le .... donc la cuillère à utiliser pour ne pas se brûler est celle en ....

4 **Regarde les vidéos de l'exploration 3 pour découvrir d'autres propriétés de matière.**

Je retiens

- **Complète le texte suivant.**

Un échantillon de matière peut être caractérisé par des propriétés : .... dans l'eau, ... thermique, conductivité électrique, magnétisme, densité, élasticité, miscibilité avec l'eau, etc.

Le mot de l'activité

- **Choisis ton mot de l'activité dans le Mini-dico et recopie sa définition :**

....

....

....

TEST FLASH

Réponds au test de l'exploration 3.

1 : .... 2 : ....
3 : .... 4 : ....

ACTIVITÉ

4 La matière à grande échelle

➜ Mettre en œuvre des observations et des expériences pour caractériser un échantillon de matière.

exploration 4

hachette-clic.fr/22st6004

La matière à grande échelle est la matière des objets très lourds de l'Univers comme le Soleil, notre étoile, et les planètes qui tournent autour.

Dans quel état est la matière dans l'Univers ?

● **Utilise tes connaissances pour relier chaque météorite à sa forme de matière.**

Métaux •

Minéraux •

•  Météorite pierreuse

•  Météorite de fer

J'explore et j'expérimente

1 **Navigue dans l'exploration 4 pour découvrir les différentes formes et les différents états de la matière dans l'Univers.**

2 **Coche les bonnes réponses ci-dessous.**

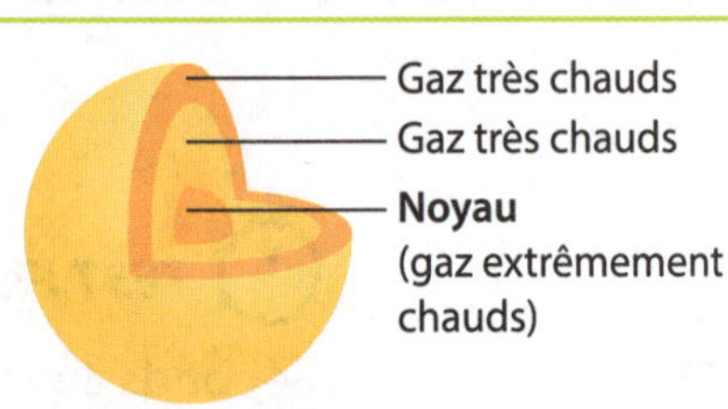	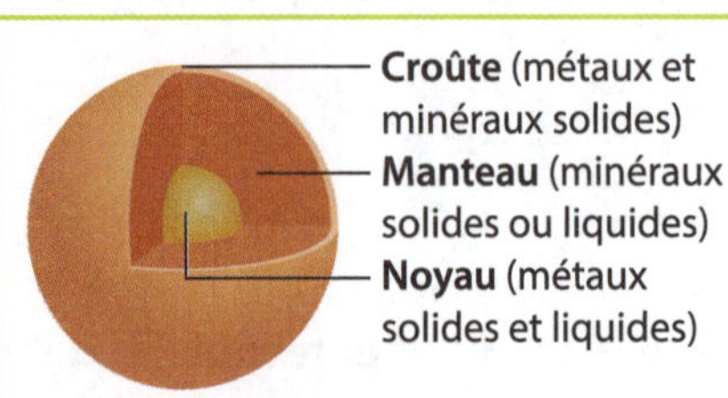	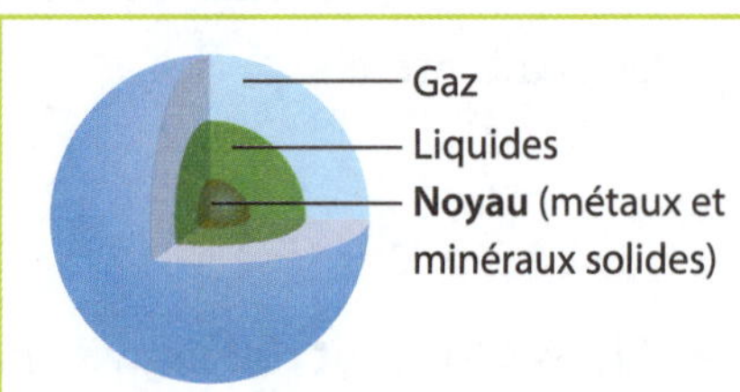
☐ Soleil ☐ planète tellurique ☐ planète gazeuse	☐ Soleil ☐ planète tellurique ☐ planète gazeuse	☐ Soleil ☐ planète tellurique ☐ planète gazeuse

3 Réalise les expériences proposées dans **l'exploration 4** ou regarde les vidéos pour découvrir les propriétés de l'état solide, liquide et gazeux.

4 Coche les bonnes réponses ci-dessous.

	Forme propre (forme qui ne change pas)	Volume propre (espace occupé qui ne change pas)	État physique
 glace	☐ oui ☐ non	☐ oui ☐ non	☐ solide ☐ liquide ☐ gaz
 eau colorée	☐ oui ☐ non	☐ oui ☐ non	☐ solide ☐ liquide ☐ gaz
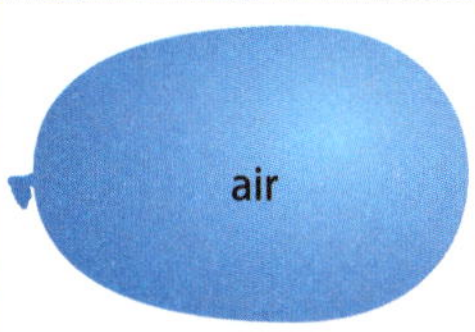 air	☐ oui ☐ non	☐ oui ☐ non	☐ solide ☐ liquide ☐ gaz

1 J'explore une première fois les documents proposés.

2 Je regarde les questions posées sur ces documents.

3 J'explore une seconde fois les documents proposés.

4 Je réponds aux questions.

➜ Extraire les informations pertinentes d'un document pour répondre à une question [D2]

Je retiens

- **Complète le texte suivant.**

La Terre et les autres planètes telluriques sont surtout constituées de .... et de .... à l'état .... ou ....

Les planètes gazeuses sont constituées de .... en surface.

Le Soleil est une boule de .... très ....

Le mot de l'activité

- **Choisis ton mot de l'activité dans le Mini-dico et recopie sa définition :**

....

....

....

TEST FLASH

Réponds au test de **l'exploration 4**.

1 : .... 2 : ....

3 : .... 4 : ....

ACTIVITÉ 5

La masse

➜ Mettre en œuvre des observations et des expériences pour caractériser un échantillon de matière.

exploration 5
hachette-clic.fr/22st6005

Tout échantillon de matière, comme la figurine en pâte à modeler, possède une masse. La figurine a aussi des couleurs, une température et une forme.

La masse d'un objet peut-elle changer ?

- **Utilise tes connaissances pour compléter les phrases suivantes.**

La masse se mesure avec ....

La température se mesure avec ....

J'expérimente

1. **Navigue dans l'exploration 5 pour savoir comment mesurer une masse.**
2. **Avec le matériel disponible, réalise les protocoles pour mesurer la masse de la figurine et savoir si elle change quand la couleur, la température ou la forme de la figurine change.**

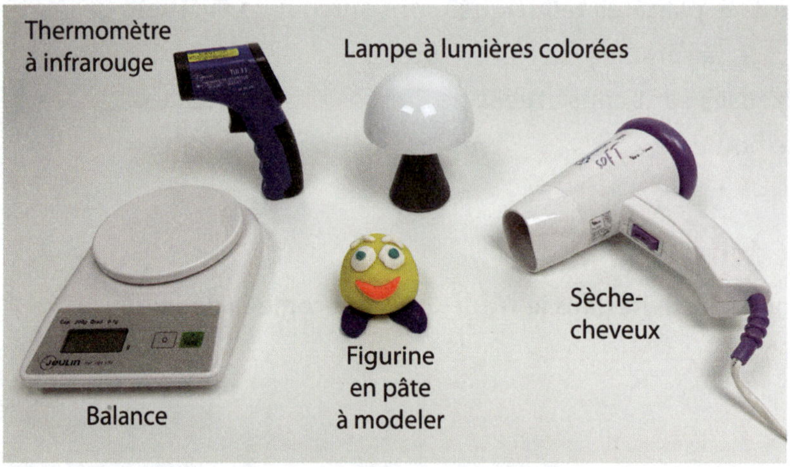

Matériel nécessaire

Protocoles de mesures

Masse et couleur	Masse et température	Masse et forme
1. Mesure la masse de la figurine. **2.** Éclaire la figurine avec une lumière colorée. **3.** Mesure la masse de la figurine sous la lumière colorée. **4.** Recommence avec une autre lumière colorée.	**1.** Mesure la masse de la figurine. **2.** Mesure la température de la figurine. **3.** Chauffe la figurine avec le sèche-cheveux pendant 1 minute et mesure à nouveau sa température. **4.** Mesure la masse de la figurine chauffée par le sèche-cheveux.	**1.** Mesure la masse de la figurine. **2.** Déforme la figurine. **3.** Mesure la masse de la figurine déformée. **4.** Recommence avec une autre forme donnée à la figurine.

J'associe l'appareil utilisé à ce qu'il mesure : le thermomètre pour la température et la balance pour la masse.

Je repère l'unité de mesure indiquée sur la balance. Ici, le gramme (g).

Je repère l'unité de mesure indiquée sur le thermomètre. Ici, le degré Celsius (°C).

Je note la valeur de température ou de masse, sans oublier l'unité associée.

➜ Faire le lien entre la mesure réalisée, les unités et l'outil utilisés [D2]

3 **Si tu ne peux pas réaliser les expériences demandées en classe, regarde les vidéos d'expérience dans l'exploration 5.**

4 **Complète les résultats et interprète-les.**

Masse et couleur

Masse et température

Masse et forme

– Ce qui n'est pas propre à la figurine, c'est-à-dire ce qui change : ....

– Ce qui est propre à la figurine, c'est-à-dire ce qui ne change pas : ....

Je retiens

● **Complète le texte suivant.**

Tout objet matériel possède une .... qui lui est propre. Elle se mesure avec une ....
Le gramme est une unité de masse de symbole ....

Le mot de l'activité

● **Choisis ton mot de l'activité dans le Mini-dico et recopie sa définition :**

....

....

....

TEST FLASH

Réponds au test de **l'exploration 5**.

1 : .... 2 : ....
3 : .... 4 : ....

ACTIVITÉ

6 Dissolution et réaction

➜ Mettre en œuvre un protocole de mélange de constituants

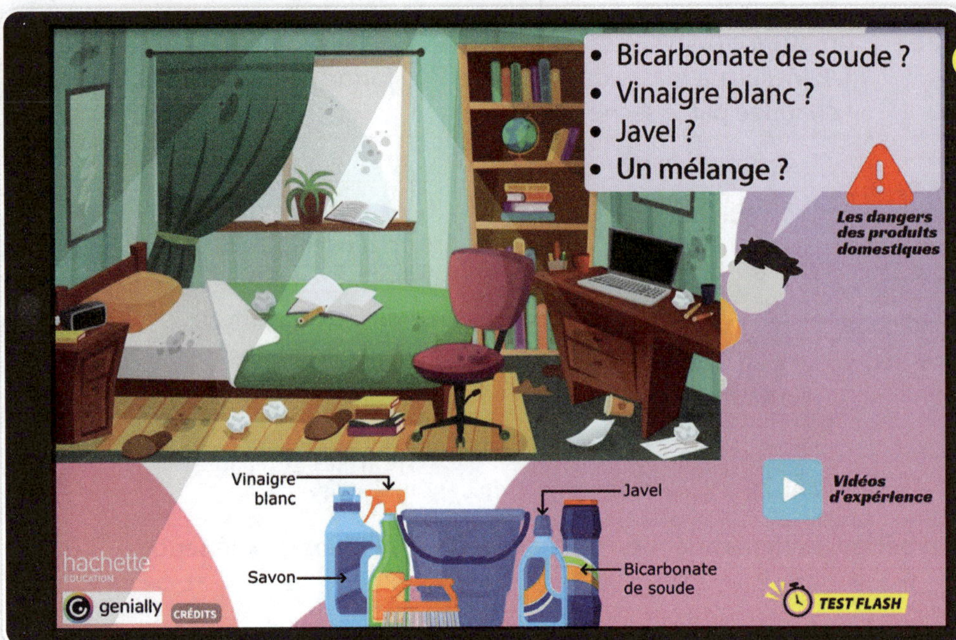

exploration 6
hachette-clic.fr/22st6006

Maxime doit ranger et nettoyer sa chambre. Il a le choix parmi différents produits domestiques : vinaigre blanc, javel, bicarbonate de soude, savon. Mais attention, peut-on mélanger n'importe quelles substances chimiques sans danger ?

Quelles transformations de la matière peuvent être provoquées quand on réalise des mélanges ?

• **En t'aidant de l'exploration 6, indique si les produits ménagers sont des mélanges ou des corps purs.**

Vinaigre blanc •	• Corps pur
Javel •	• Mélange
Bicarbonate de soude •	
Savon •	

J'expérimente et j'explore

1 Hypothèse

Je pense que réaliser des mélanges peut provoquer :

☐ une réaction : consommation de substances et formation de nouvelle(s) substance(s).
☐ une dissolution : dispersion d'une substance dans un liquide.
☐ les deux types de transformations : réaction ou dissolution.

2 Expérience. **Pour répondre à l'hypothèse, réalise les expériences avec les protocoles A et B ci-dessous.**

Matériel nécessaire
– 50,0 g d'eau
– 4,0 g de bicarbonate de soude
– Agitateur

Protocole A
1. Verse tout le bicarbonate de soude dans l'eau.
2. Agite jusqu'à disparition totale du bicarbonate de soude.
3. Observe.

Matériel nécessaire
– 50,0 g de vinaigre
– 4,0 g de bicarbonate de soude

Protocole B
1. Verse tout le bicarbonate de soude dans le vinaigre.
2. Observe.

3 Résultats observés

Complète les schémas ci-dessous. Si tu ne peux pas faire les expériences, regarde les vidéos de l'exploration 6.

Protocole A : .... **bicarbonate de soude et d'eau**

Protocole B : .... **bicarbonate de soude et de vinaigre**

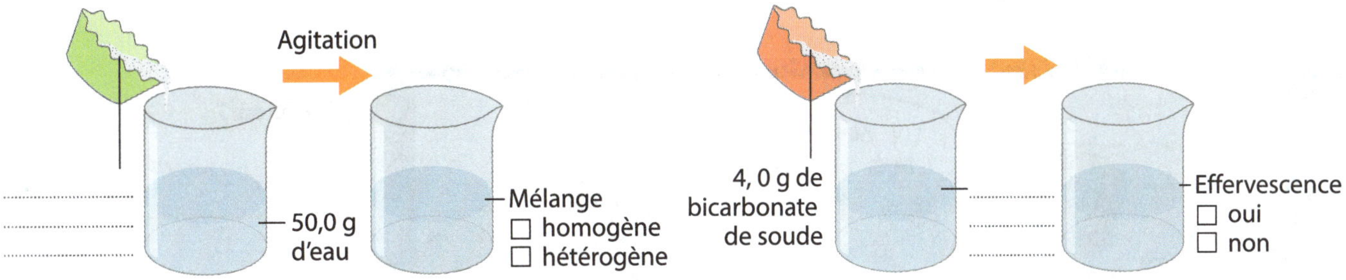

4 Interprétation des résultats et conclusion.

Complète les phrases suivantes.

J'observe un .... lors du protocole A et une .... (formation d'une nouvelle substance à l'état gazeux dans un liquide) lors du protocole B.

Or je sais qu'une effervescence montre une ....

J'en déduis que le mélange de bicarbonate de soude et de vinaigre provoque une ...., tandis que le mélange de bicarbonate de soude et d'eau provoque une .... : le bicarbonate de soude n'est pas ....

5 Avec l'aide de l'exploration 6, explique pourquoi il ne faut surtout pas mélanger n'importe quels produits ménagers.

....

....

1 Je rédige une hypothèse cohérente avec la problématique.

2 Je réalise une expérience pour tester l'hypothèse.

3 Je note mes observations et mes résultats.

4 J'interprète les résultats et rédige une conclusion.

➜ Proposer une démarche pour répondre à une question de nature scientifique [D4]

Je retiens

- **Complète le texte suivant.**

Réaliser des mélanges peut provoquer des transformations de la matière : une .... ou une .... Certains mélanges peuvent provoquer des réactions .... pour la santé.

Le mot de l'activité

- **Choisis ton mot de l'activité dans le Mini-dico et recopie sa définition :**

....

....

....

TEST FLASH

Réponds au test de l'exploration 6.

1 : .... 2 : ....

3 : .... 4 : ....

ACTIVITÉ

7 La matière qui nous entoure

➧ Mettre en œuvre un protocole de séparation des constituants d'un mélange

exploration 7

hachette-clic.fr/22st6007

Les stations de montagnes vantent la pureté de leur air. Pour le chimiste, un corps pur ne contient qu'une seule substance.

Le jus d'orange, le tissu du tee-shirt ou l'air sont-ils des corps purs au sens du chimiste ?

● **Indique si, d'après toi, le jus d'orange, le tissu du tee-shirt et l'air sont des corps purs ou des mélanges.**

	Corps pur	Mélange
Le jus d'orange est un :	☐	☐
Le tissu du tee-shirt est un :	☐	☐
L'air est un :	☐	☐

J'explore et j'expérimente

1 **Consulte les documents de l'exploration 7 puis complète le tableau ci-dessous.**

Composition du tissu du tee-shirt	Composition du jus d'orange	Composition de l'air
– Coton : .... % – Polyester : .... % – .... : 4 %	– Eau – Pulpe – .... –	– .... : 20 % – Diazote : ....
☐ Mélange ☐ Corps pur	☐ Mélange ☐ Corps pur	☐ Mélange ☐ Corps pur

2 **Suis le protocole pour séparer les constituants d'un jus d'orange avec pulpe et complète les schémas d'observations ci-dessous.**

Matériel nécessaire

Jus d'orange, bécher, entonnoir, filtre, erlenmeyer, verre de montre, appareil de chauffage.

Protocole	Schéma d'observation
Étape 1 : la décantation **1.** Laisse reposer longtemps le jus d'orange avec pulpe dans un bécher. **2.** Observe le jus d'orange décanté.	
Étape 2 : la filtration **3.** Place l'entonnoir sur l'erlenmeyer. **4.** Place le filtre dans l'entonnoir. **5.** Verse lentement le jus d'orange décanté dans le filtre. **6.** Observe le jus d'orange filtré.	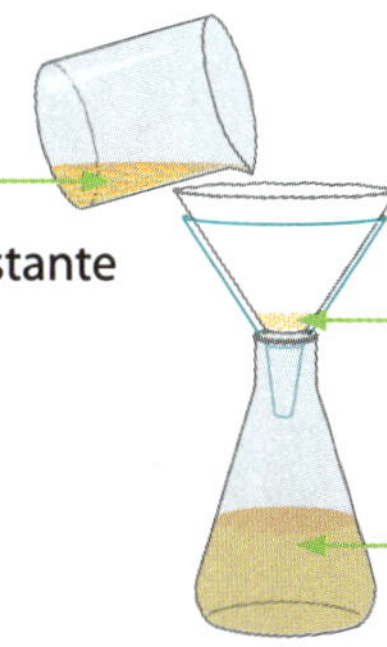
Étape 3 : l'évaporation **7.** Verse un peu de jus d'orange filtré dans le verre de montre. **8.** Chauffe doucement le verre de montre jusqu'à évaporation complète de l'eau. **9.** Observe le résidu de l'évaporation.	

1 Je repère toutes les manipulations à réaliser (ici la décantation, la filtration et l'évaporation).

2 Je réalise les manipulations en sécurité : j'utilise des lunettes de protection.

3 Je prépare le matériel nécessaire : il est donné avant le protocole.

4 Je respecte l'ordre des étapes (ici : d'abord la décantation puis la filtration et enfin l'évaporation).

Pour s'organiser lors d'une expérience

➜ Organiser seul ou en groupe un espace de réalisation expérimentale [D2]

Je retiens

- **Complète le texte suivant.**

La .... qui nous entoure (à l'état solide, liquide ou gazeux) est souvent un .... : elle résulte souvent de l'association de différents constituants.

La décantation, la filtration et l'évaporation sont des méthodes de séparation des .... d'un mélange.

Le mot de l'activité

- **Choisis ton mot de l'activité dans le Mini-dico et recopie sa définition :**

....

....

....

TEST FLASH

Réponds au test de **l'exploration 7**.

1 : .... 2 : ....

3 : .... 4 : ....

ACTIVITÉ

8 Mouvement d'un objet

➜ Décrire un mouvement et identifier les différences entre mouvements circulaire ou rectiligne

exploration 8
hachette-clic.fr/22st6008

Te voilà enfermé(e) dans le laboratoire d'étude des mouvements du grand Professeur Chronos. Pour en sortir avant son retour, tu dois décrire le mouvement de six objets. Pas de précipitation, gère bien ta vitesse !

Comment décrire le mouvement d'un objet ?

- **Utilise tes connaissances pour compléter les phrases suivantes.**

La vitesse d'un objet indique si l'objet se déplace rapidement ou pas. Par exemple, une voiture qui a une vitesse de 30 km/h parcourt une distance de .... km en une durée de ...... h.

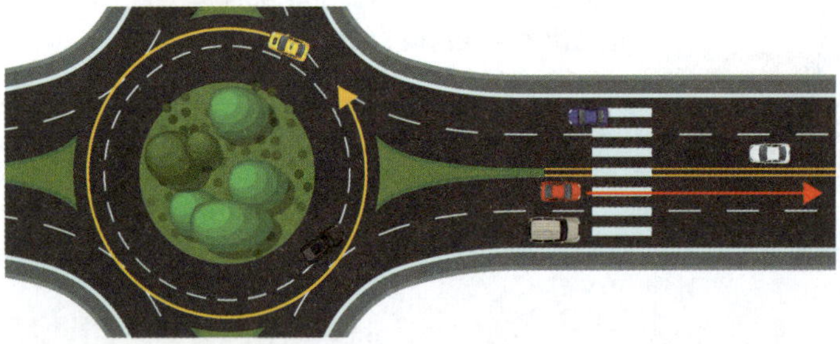

La trajectoire d'un objet est le chemin suivi par cet objet. La trajectoire de la voiture rouge est une droite, son mouvement est dit ....

La trajectoire de la voiture jaune est un cercle, son mouvement est dit ....

J'explore

1 **Lance l'escape game (exploration 8) et note tes réponses dans le tableau ci-dessous.**

Objet en mouvement	 Joggeuse ①	 Train ②	 ISS ③	 Cycliste ④	 Mars ⑤	 Avion ⑥
Distance parcourue	2 m	☐ 290 km ☐ 290 m	28 000 km	☐ 5 km ☐ 5 m	☐ 30 km ☐ 24 km	900 km
Durée du parcours	☐ 1 h ☐ 1 s	1 h	☐ 1 h ☐ 1 s	1 s	1 s	☐ 1 h ☐ 1 s
Mouvement	....	....	....	....	....	....

2 **Pour classer plus facilement les vitesses de chaque objet, calcule la distance parcourue en kilomètre (km) par chaque objet en 1 heure.**
Complète le tableau ci-dessous en suivant l'exemple avec la joggeuse.

Objet en mouvement	Distance parcoure en 1 heure (en km)	Vitesse (en km/h)
 Joggeuse ①	$(2 \times 3\,600) \div 1\,000 = 7{,}2$	....
 Train ②	....	....
 ISS ③	....	....
 Cycliste ④	....	....
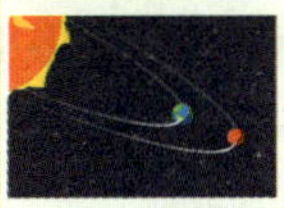 Mars ⑤	....	....
 Avion ⑥	....	....

1 Si la durée est de 1 s, je multiplie la distance parcourue par 3 600, car 1 h = 3 600 s.

2 Si la distance obtenue est en m, je la convertis en km en divisant par 1 000, car 1 km = 1 000 m.

3 J'écris la valeur de la vitesse en km/h qui est celle de la distance en km parcourue en 1 h.

➜ Utiliser les outils mathématiques adaptés [D2]

3 **Classe les objets en mouvement du moins rapide au plus rapide, c'est le code secret pour sortir du laboratoire !**

Code secret : ....

Je retiens

- **Complète le texte suivant.**

Le mouvement d'un objet est caractérisé par sa .... et sa ....

• Exemples de mouvements simples : mouvement .... (cycliste) et mouvement .... (station ISS).

• Exemples de vitesses : .... (environ 2 m/s), ... (environ 300 km/h), ... (environ 24 km/s)

Le mot de l'activité

- **Choisis ton mot de l'activité dans le Mini-dico et recopie sa définition :**

....
....
....

TEST FLASH

Réponds au test de **l'exploration 8**.

1 : .... 2 : ....
3 : .... 4 : ....

ACTIVITÉ

9 Mouvements rectilignes et vitesses

➜ Élaborer et mettre en œuvre un protocole pour appréhender la notion de mouvement

exploration 9
hachette-clic.fr/22st6009

Galilée, grand savant italien du XVIIe siècle, a cherché à identifier par l'expérience le mouvement d'une bille roulant vers le bas le long d'un rail incliné.

Quel est le mouvement d'une bille roulant vers le bas le long d'un rail incliné ?

- **Utilise tes connaissances pour compléter les phrases suivantes.**

Le mouvement d'un objet est caractérisé par sa .... et sa ....

Je connais deux mouvements simples : .... et ....

Je mène une investigation

1 Hypothèse

Je pense que la bille a un mouvement rectiligne :

☐ décéléré, c'est-à-dire que sa vitesse diminue au cours du temps.

☐ uniforme, c'est-à-dire que sa vitesse ne varie pas au cours du temps.

☐ accéléré, c'est-à-dire que sa vitesse augmente au cours du temps.

2 Expérience

- **Propose un protocole avec le matériel ci-contre pour tester ton hypothèse.**

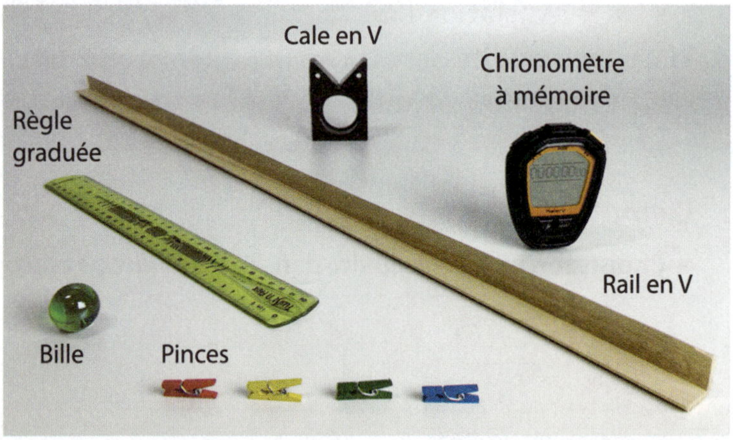

Matériel nécessaire

Protocole

1. Je place, pour simplifier l'étude du mouvement de la bille, les quatre pinces sur le rail avec :

☐ le même espace entre chaque pince.
☐ un espace de plus en plus grand entre chaque pince.

2. J'incline le rail avec la cale en V :

☐ oui ☐ non.

3. Je chronomètre les 3 durées pour parcourir les 3 distances entre deux pinces qui se suivent après avoir :

☐ lâché la bille du haut du rail.
☐ lancé la bille du bas du rail.

Je repère dans l'hypothèse de quel matériel je vais avoir besoin.

Je repère dans l'hypothèse comment je dois mettre en place le matériel : espacement des pinces, inclinaison du rail.

Je repère l'action à réaliser pour tester l'hypothèse : mouvement de la bille.

Je repère quelle grandeur je dois mesurer, ici avec le chronomètre.

➜ Proposer des expériences simples pour tester une hypothèse [D4]

- **Navigue dans l'exploration 9 pour vérifier que ton protocole est correct et réalise-le.**

3 Résultats observés

Note tes résultats dans le tableau ci-dessous.

Distance parcourue par la bille	Entre la première pince et la deuxième	Entre la deuxième pince et la troisième	Entre la troisième pince et la quatrième
Durée du parcours	....	....	....

4 Interprétation des résultats et conclusion

La bille parcourt des distances .... avec des durées de plus en plus .... donc sa vitesse .... au cours du temps. Son mouvement est rectiligne et ....

Mon hypothèse est validée :

☐ oui ☐ non.

Je retiens

Le mouvement rectiligne d'un objet est :

- .... si sa vitesse augmente au cours du temps ;
- .... si sa vitesse diminue au cours du temps ;
- .... si sa vitesse ne change pas au cours du temps.

Le mot de l'activité

- **Choisis ton mot de l'activité dans le Mini-dico et recopie sa définition :**

....
....
....

TEST FLASH

Réponds au test de **l'exploration 9**.

1 : .... 2 : ....
3 : .... 4 : ....

ACTIVITÉ

10 Différentes formes d'énergie

➜ Identifier des formes d'énergie

exploration 10
hachette-clic.fr/22st6010

Un objet qui possède de l'énergie peut produire des actions comme chauffer, éclairer, déplacer, etc.

Comment identifier les différentes formes d'énergie ?

- **Utilise tes connaissances pour citer des exemples de besoins d'énergie au quotidien.**

....

....

J'explore et j'expérimente

1 **Navigue dans l'exploration 10 pour t'informer sur les différentes formes d'énergie et complète la colonne « Forme d'énergie » du tableau page suivante.**

2 **Expérimente pour produire les actions citées dans le tableau ou regarde les expériences dans l'exploration 10.**

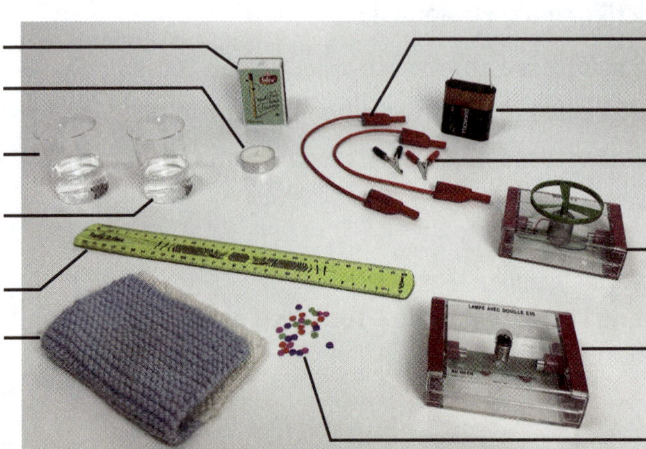

Matériel nécessaire

3 Décris les expériences **dans la colonne « Expérience » en utilisant les verbes suivants :** *tourner, brûler, briller, mélanger, frotter.*

Action	Forme d'énergie	Expérience
 Déplacer	Énergie	....
 Chauffer	Énergie	....
 Éclairer	Énergie	....
 Faire une réaction	Énergie	....
 Électriser	Énergie	....

J'utilise un vocabulaire précis ou imposé.

Je précise le matériel utilisé.

J'associe l'expérience à l'action correspondante.

Je rédige une phrase correcte avec un sujet, un verbe et un complément.

➜ Rendre compte des expériences en utilisant un vocabulaire précis [D1.1]

Je retiens

- **Complète le texte suivant.**

Il existe différentes formes d'énergie qui s'identifient par les actions qu'elles permettent :
- l'énergie de mouvement pour .... ;
- l'énergie thermique pour .... ;
- l'énergie lumineuse pour .... ;
- l'énergie chimique pour .... ;
- l'énergie électrique pour ....

Le mot de l'activité

- **Choisis ton mot de l'activité dans le Mini-dico et recopie sa définition :**

....

....

....

TEST FLASH

Réponds au test de **l'exploration 10**.

1 : .... 2 : ....

3 : .... 4 : ....

ACTIVITÉ

11 Des ressources en énergie

➜ Identifier des ressources en énergie

exploration 11
hachette-clic.fr/22st6011

Te voilà enfermé(e) dans la maison de l'énergie. Pour en sortir, découvre les ressources en énergie utilisées par Thomas et Laeticia au cours d'une journée. Fais attention aux informations trouvées car tu as besoin d'un code secret pour t'évader. Pas de précipitation, ménage ton énergie !

Quelles sont les ressources en énergie utilisées par les êtres humains ?

- **Utilise tes connaissances pour compléter les phrases avec les mots suivants :**
disparaîtra, ne disparaîtra pas, limités, en permanence, trop lentement.

Une ressource en énergie renouvelable .... à cause de l'activité humaine car la nature la renouvelle ....
Une ressource en énergie non renouvelable .... un jour à cause de l'exploitation humaine car les stocks sur Terre sont .... ou se renouvellent ....

J'explore

1 Lance l'escape game (**exploration 11**) et **note tes réponses** dans le tableau ci-dessous.

Activité	 **Se déplacer en bus**	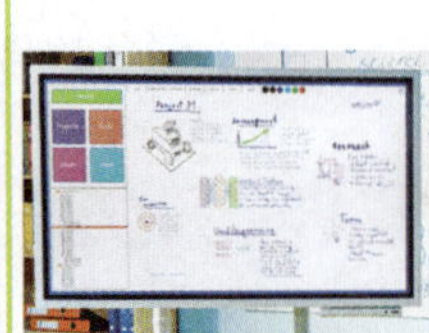 **Utiliser un TBI**	 **Participer à une course**	 **Utiliser une lampe de bureau**	 **Utiliser un poêle**
Ressource en énergie	....	....	....	....	....

2 **Classe** toutes les ressources en énergie présentées dans **l'exploration 11** : entoure les ressources renouvelables et souligne les ressources non renouvelables.

Charbon (1)

Pétrole (2)

Bois (3)

Uranium (4)

Aliments (5)

Vent (6)

Soleil (7)

Mers et rivières (8)

3 **Identifie** les ressources renouvelables utilisées par Laeticia et Thomas. Classe leurs numéros du plus petit au plus grand : c'est le code secret pour sortir de la maison de l'énergie !

Le code secret est : ....

1. Je lis en premier les questions ou les consignes.
2. Je regarde attentivement les documents présentés.
3. Je repère les passages des documents liés aux questions.
4. Je réponds aux questions.

➜ Exploiter un document constitué de divers supports [D1.1]

Je retiens

- **Complète le texte suivant.**

Les .... contiennent de l'énergie que les êtres humains peuvent exploiter. Les ressources en énergie peuvent être renouvelables ou .... Comme ressources ...., on peut citer les aliments, le ...., le ...., le .... et les .... Des exemples de ressources .... sont l'uranium, le .... et le ....

Le mot de l'activité

- **Choisis ton mot de l'activité dans le Mini-dico et recopie sa définition :**

....

....

....

TEST FLASH

Réponds au test de **l'exploration 11**.

1 : .... 2 : ....

3 : .... 4 : ....

ACTIVITÉ

12 L'énergie au quotidien

➜ Identifier les éléments de stockage, de transformation et d'utilisation de l'énergie

exploration 12
hachette-clic.fr/22st6012

Katia et ses parents décorent leur sapin de Noël. Katia ne comprend pas comment la guirlande peut faire de la lumière lorsqu'elle est branchée à la prise de courant. Ils essaient de comprendre ensemble comment fonctionne cette guirlande lumineuse.

Comment fonctionne la guirlande lumineuse ?

- **Utilise tes connaissances pour relier les énergies à leur définition.**

L'énergie électrique •	• correspond à la chaleur.
L'énergie thermique •	• correspond au mouvement.
L'énergie lumineuse •	• correspond à la lumière.
L'énergie cinétique •	• est contenue dans l'électricité.
L'énergie chimique •	• est libérée dans des réactions chimiques.

J'explore

1 Dans **l'exploration 12**, clique sur la guirlande lumineuse et réponds aux questions suivantes.

- **Quels sont les éléments qui composent le circuit électrique ?**

....

....

....

- **Quel est le rôle des différents éléments du circuit ?**

....

....

....

....

2 En t'aidant de **l'exploration 12**, cherche les autres exemples d'utilisation d'énergie pour compléter le tableau suivant.

Nom	Élément de stockage	Élément de distribution	Élément de transformation
Barrage	…………	…………	…………
Voiture électrique	…………	…………	…………
Trottinette électrique	…………	…………	…………
Éolienne	…………	…………	…………

3 Navigue dans **l'exploration 12** et explique la fabrication et le fonctionnement de l'araignée chancelante.

……………………………………………………………………………………………………

……………………………………………………………………………………………………

……………………………………………………………………………………………………

Je comprends les consignes de travail.

Je rends compte de mes observations avec un vocabulaire précis.

Je réponds à toutes les questions.

J'utilise les outils mis à ma disposition pour faire des recherches.

➜ Extraire les informations pertinentes d'un document et les mettre en relation pour répondre à une question [D2]

Je retiens

- **Complète le texte suivant.**

Les éléments de ………… (exemple : batteries) accumulent l'énergie et sont nécessaires à tous les moyens de transport autonomes. Les éléments de …………, comme les courroies ou les câbles, gèrent la mise à disposition de l'énergie. Les éléments de ………… (pédale, rame, moteur, etc.) modifient l'énergie reçue en une autre énergie.
L'énergie stockée peut être ………… pour être utilisée sous une autre forme. Par exemple, l'énergie chimique stockée dans les piles d'une lampe est ………… en énergie électrique, puis en énergie lumineuse.

Le mot de l'activité

- **Choisis ton mot de l'activité dans le Mini-dico et recopie sa définition :**

……………………………………………………………………………………………………

……………………………………………………………………………………………………

……………………………………………………………………………………………………

TEST FLASH

Réponds au test de **l'exploration 12**.

1 : ………… 2 : …………

3 : ………… 4 : …………

ACTIVITÉ 13

Notre consommation d'énergie domestique

➔ Identifier quelques moyens d'optimiser la consommation d'énergie domestique

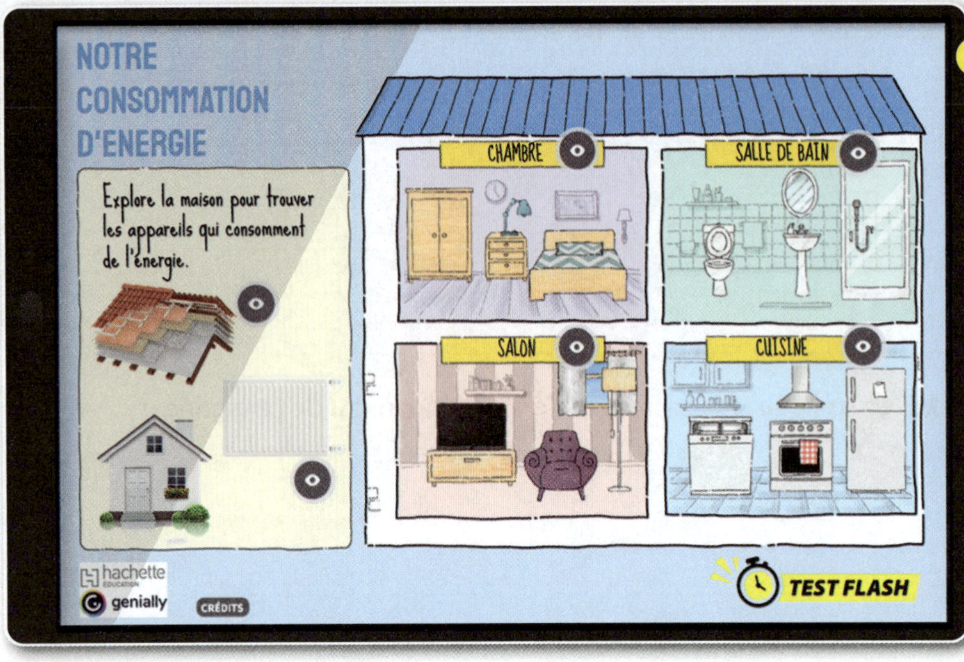

exploration 13
hachette-clic.fr/22st6013

Tous les jours, nous utilisons de l'énergie pour nos différentes activités domestiques. Et nous savons que l'énergie est précieuse !

Comment économiser l'énergie au quotidien ?

- **Utilise tes connaissances pour répondre aux questions suivantes.**
  - Pourquoi l'énergie est-elle précieuse ? ....
  - Quelles sont les conséquences négatives pour la planète d'une trop grande consommation d'énergie ? ....

J'explore

1. **Dans l'exploration 13, clique sur la cuisine et écris ci-dessous quels sont les appareils qui consomment de l'énergie électrique.**

   ....

2. Explique comment on peut économiser l'énergie **pour chacun d'eux.**

   ....

3 Dans **l'exploration 13**, clique sur la salle de bain et coche ci-dessous les éléments qui ont besoin d'énergie pour fonctionner.

☐ Douche
☐ Baignoire
☐ Lave-linge
☐ Toilettes

Pourquoi ont-ils besoin d'énergie ?

....

....

4 **Explique comment on peut limiter la consommation d'énergie dans la salle de bain.**

....

....

....

5 Dans **l'exploration 13**, **clique sur le salon. Quels appareils consomment de l'énergie ?**

....

6 **Comment limiter la consommation d'énergie dans le salon ?**

....

7 Dans **l'exploration 13**, **clique sur la chambre. Quels appareils consomment de l'énergie ?**

....

8 **Comment limiter la consommation d'énergie dans la chambre ?**

....

....

➜ Rendre compte des observations en utilisant un vocabulaire précis [D1.1]

Je retiens

- **Complète le texte suivant.**

Au quotidien nous avons besoin .... pour nous chauffer, nous éclairer, cuisiner, nous laver...
Quelques gestes simples permettent .... cette énergie pour préserver la planète :
– débrancher ou .... les appareils électriques non utilisés ;
– ne pas laisser .... l'eau chaude trop longtemps ;
– réguler .... dans les pièces de vie (utilisation d'un ....).

Le mot de l'activité

- **Choisis ton mot de l'activité dans le Mini-dico et recopie sa définition :**

....

....

....

TEST FLASH

Réponds au test de l'exploration 13.

1 : .... 2 : ....
3 : .... 4 : ....

ACTIVITÉ

14 Signal et information

➜ Identifier différents signaux (sonores, lumineux, radio…)

exploration 14
hachette-clic.fr/22st6014

Chaque soir, Zoé et Tom communiquent secrètement en code Morse. Ta mission est de transmettre un mot secret à distance, sans faire de bruit, comme le font Zoé et Tom.

Comment transmettre un mot secret à distance sans faire de bruit ?

- **Utilise tes connaissances pour compléter le tableau ci-dessous.**

Situation	Signal (lumineux, sonore ou radio)	Information binaire
	Radio	☐ Je reçois un appel. ☐ Je ne reçois pas d'appel.
	....	☐ Je peux traverser. ☐ Je ne peux pas traverser.
 	....	☐ Je suis alerté. ☐ Je ne suis pas alerté.

Je relève un défi

1 **Regarde la vidéo SOS de l'exploration 14 pour comprendre le code Morse.**

- **Complète la phrase suivante.**

Le signal qui transmet l'information est binaire, il ne peut avoir que .... états : le buzzer sonne ou le buzzer ....

- **Complète l'algorithme de test :**

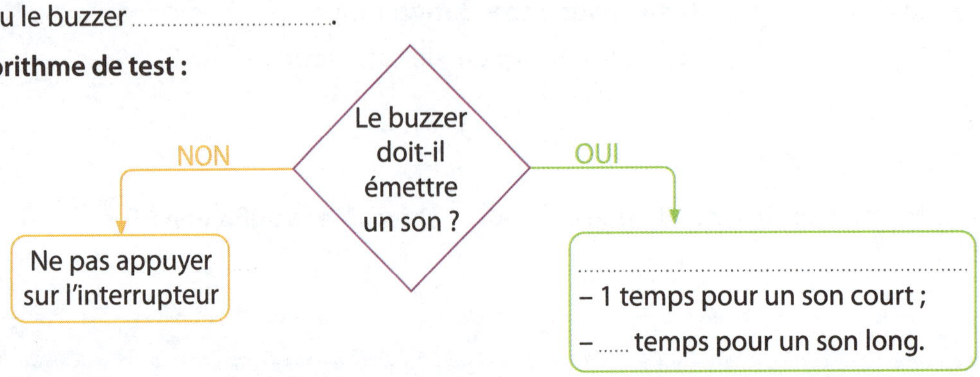

2 **Utilise le code Morse de l'exploration 14 pour écrire en Morse un mot secret de ton choix.**

– Mot secret : ....

– Mot secret codé en Morse : ....

....

1 Je recherche le code Morse de la première lettre du mot secret choisi.

2 Je recopie ce code.

3 Je laisse un espace de la taille d'un tiret.

4 Je recommence les étapes 1, 2 et 3 pour les autres lettres du mot secret.

➜ Utiliser différents modes de représentation [D1.3]

3 **Coche l'élément à placer dans le circuit électrique pour transmettre le mot secret sans faire de bruit.**

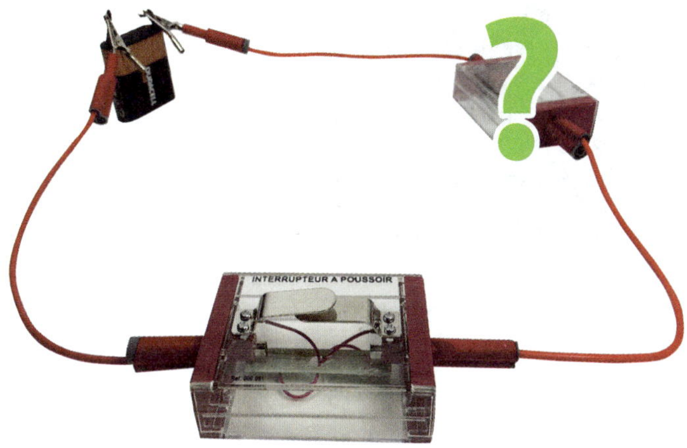

☐ Buzzer : il sonne quand on appuie sur l'interrupteur.

☐ Lampe : elle brille quand on appuie sur l'interrupteur.

Ce circuit doit réaliser un signal :
☐ sonore ☐ lumineux ☐ radio.

4 **Réalise ce circuit et code le mot secret en Morse à un(e) camarade.**

5 **Vérifie si ta ou ton camarade a réussi à décoder le mot secret.**

6 **Conclus.**
Ta ou ton camarade a déchiffré le mot secret : ☐ oui ☐ non.

Je retiens

- **Complète le texte suivant.**

Un signal permet de transmettre une .... Un signal peut être ...., ... ou radio. Un signal est .... quand il ne peut avoir que deux états possibles représentés par 0 ou 1, Vrai ou Faux, Oui ou Non...

Le mot de l'activité

- **Choisis ton mot de l'activité dans le Mini-dico et recopie sa définition :**

....

....

....

TEST FLASH

Réponds au test de l'exploration 14.

1 : .... 2 : ....

3 : .... 4 : ....

ACTIVITÉ

15 L'environnement proche

➜ Décrire un milieu de vie dans ses diverses composantes

exploration 15
hachette-clic.fr/22st6015

Voici une mare bordée d'un arbre au milieu d'une prairie. Ce paysage est plutôt courant en France. Des habitations et des aménagements routiers peuvent se trouver à proximité si la zone est habitée.

De quoi est composé cet environnement ?

- **Décris ici de quoi est composé cet environnement, selon toi.**

....

....

....

J'explore

1 **Trouve dans le l'exploration 15 les composantes de l'environnement. Classe-les dans le tableau suivant.**

Êtres vivants		Non vivant	
Animal	**Végétal**	**Naturellement présent**	**Fabriqué par les humains**
....	....	....	....
....	....	....	....
....	....	....	....
....	....	....	....
....	....	....	....

2 **À l'aide du l'exploration 15, relie chaque appareil de mesure à la mesure qu'il permet de réaliser :**

Thermomètre •	• Mesure de l'éclairement
Hygromètre •	• Mesure de l'humidité dans l'air
Luxmètre •	• Mesure de la température

3 Réalise un croquis décrivant l'environnement présenté dans **l'exploration 15** dans le cadre ci-dessous.

4 **Colorie en vert les végétaux, en rouge les animaux, en gris ce qui est non vivant.**

Titre du croquis : ……………………………………

Légende du croquis :

Végétaux — Animaux — Non vivant

Échelle : ……………………

Je représente les éléments principaux de l'image.

Je trace des formes simples.

J'ajoute une légende et un titre.

Je fais une échelle (1 cm représente …… cm en réalité).

➜ Utiliser différents modes de représentation formalisés [D1.3]

Je retiens

- **Complète le texte suivant.**

Dans notre environnement proche, on voit des êtres vivants : des …………… (exemples : …………………) et des …………… (exemples : …………………), ainsi que des ……………… . Ces éléments non vivants peuvent être naturellement présents (exemples : ………………………) ou fabriqués par les …………… (exemples : ……………). Ces derniers modifient le …………… .
La composition de ce milieu dépend de ses ……………… (………………………) : ces conditions permettent l'installation des …………… .

Le mot de l'activité

- **Choisis ton mot de l'activité dans le Mini-dico et recopie sa définition :**

……………………………………………………

……………………………………………………

……………………………………………………

TEST FLASH

Réponds au test de l'exploration 15.

1 : ……… 2 : ………

3 : ……… 4 : ………

ACTIVITÉ

16 Classer les espèces

➜ Utiliser différents critères pour classer les êtres vivants ; identifier des liens de parenté entre des organismes

exploration 16

hachette-clic.fr/22st0016

Nous avons vu que dans l'environnement on trouve des êtres vivants : les animaux (dont l'être humain fait partie) et les végétaux, comme le chêne, le renard, le merle, la fourmi, le trèfle, ainsi que des traces d'êtres vivants qui ont vécu dans le passé, comme la bélemnite.

Pourquoi un renard fait-il partie des renards et pas d'une autre espèce ?

Avant de commencer...

- **Complète les phrases suivantes avec ce que tu sais déjà :**

Les caractéristiques des renards sont : ....

....

Une espèce c'est : ....

....

J'explore

1 **Dans l'exploration 16, reconstitue les familles proposées en plaçant les images des petits sous leurs parents, puis écris ci-dessous à quelle(s) condition(s) deux individus font partie de la même espèce.**

....

....

Après avoir découvert comment utiliser le logiciel *Phyloboite* dans **l'exploration 16**, réponds aux questions 2 et 3.

Je mets une croix dans le tableau quand la caractéristique correspond à l'espèce.

Je fais correspondre le nom de la boîte au groupe possédant la caractéristique commune.

Je fais correspondre la boîte la plus grande au groupe de la caractéristique commune au plus grand nombre d'espèces.

Je fais apparaître les noms des espèces seulement dans les plus petites boîtes.

Pour classer dans des groupes emboîtés

➜ Construire des groupes emboîtés [D2]

2 Coche la case quand le caractère est présent chez l'espèce.

Espèce / Caractère	Brochet	Pie bavarde	Chien domestique	Machaon	Guêpe commune	Canard col vert	Taupe	Saumon	Mouche bleue
Bouche									
Squelette interne									
Squelette externe									
Branchies									
Poils, mamelles									
Plumes									

3 **Classe dans des groupes emboîtés** les espèces du tableau précédent dans *Phyloboite* et ci-dessous.

....

....

....

....

....

....

....

....

....

....

....

....

....

....

....

Je retiens

● **Complète le texte avec les expressions suivantes :** *caractéristiques physiques, points communs, biodiversité, se reproduire, classer, classifications par groupes emboîtés, une descendance fertile.*

Deux individus font partie de la même espèce si :

– ils partagent les mêmes .... ;

– ils peuvent .... et avoir ....

Les espèces partagent des ...., ce qui permet de les .... grâce à la ....

L'ensemble des espèces d'êtres vivants est appelé ....

Le mot de l'activité

● **Choisis ton mot de l'activité dans le Mini-dico et recopie sa définition :**

....

....

....

TEST FLASH

Réponds au test de **l'exploration 16**.

1 : .... 2 : ....

3 : .... 4 : ....

ACTIVITÉ 17

L'unité du vivant

➧ La cellule, une structure commune aux êtres vivants

exploration 17
hachette-clic.fr/22st6017

Les êtres vivants ont tous des caractéristiques qui leurs sont propres et certaines qu'ils partagent avec d'autres espèces (ce qui permet de les regrouper et de les classer).

Quelle est la caractéristique commune à tous les êtres vivants ?

- **Dessine la caractéristique qui, d'après toi, est commune à tous les êtres vivants.**

J'expérimente

1 À l'aide de l'exploration 17 ou du matériel fourni, observe au microscope les trois êtres vivants représentant les animaux, les végétaux et les organismes unicellulaires.

Matériel nécessaire
- Microscope
- Lame d'épiderme d'oignon
- Lame de cellules buccales humaines
- Lame de paramécie

1. Je vérifie que la platine est le plus bas possible en tournant la grosse vis, je mets le plus petit objectif (× 4).
2. Je pose la lame sur la platine, je la fixe avec les valets.
3. Je regarde dans l'oculaire en remontant doucement la platine avec la grosse vis jusqu'à ce que la vue soit nette.
4. Je mets l'objectif × 10 puis, en regardant dans l'oculaire, j'ajuste la netteté en bougeant à peine la grosse vis.

➧ Utiliser le matériel adapté pour mener une observation [D2]

2 **Dans les cadres ci-dessous, fais un dessin d'observation (voir méthode p. 49) de la caractéristique commune pour chaque lame utilisée.**

Titre : ....

Titre : ....

Échelle : ....

Échelle : ....

Titre : ....

Échelle : ....

Je retiens

- **Complète le texte suivant.**

Tous les êtres vivants possèdent une caractéristique commune : la ....
Elle est composée d'une ...., d'un .... et d'un ....
Les êtres vivants peuvent être constitués d'une seule cellule (organisme ....)
ou de .... cellules (organisme ....), comme les végétaux et les animaux.

Le mot de l'activité

- **Choisis ton mot de l'activité dans le Mini-dico et recopie sa définition :**

....

....

....

TEST FLASH

Réponds au test de **l'exploration 17**.

1 : .... 2 : ....

3 : .... 4 : ....

ACTIVITÉ

18 Évolution de la biodiversité

➜ Identifier les changements des peuplements de la Terre au cours du temps

exploration 18
hachette-clic.fr/22st6018

Parmi les éléments minéraux de notre environnement, on trouve les fossiles : des restes ou des empreintes d'animaux ou de végétaux qui ont vécu dans le passé et sont morts. Le fossile dans la loupe est une bélemnite, un mollusque marin qui a disparu il y a 65 millions d'années. Pourtant, ici, nous sommes très loin de la mer.

Pourquoi dans cet environnement (loin de la mer), retrouvons-nous dans le sol des fossiles de bélemnite qui ont 65 millions d'années ?

- **Écris ici ton hypothèse qui répondrait à cette question.**

....

....

....

J'explore

- **À l'aide de l'exploration 18**, complète la frise chronologique **des temps géologiques page suivante ;**

– note les noms des périodes géologiques ;
– place chaque fossile sur la frise ;
– indique si l'environnement était marin ou terrestre à l'époque correspondante.

Je connais les unités de grandeur temporelles (année, million d'années, etc.).

Je fais le parallèle entre les unités de mesure temporelles et les noms des périodes qui correspondent.

➜ Replacer des évolutions scientifiques et technologiques dans un contexte historique, géographique, économique et culturel [D5]

Frise chronologique des temps géologiques (simplifiée)

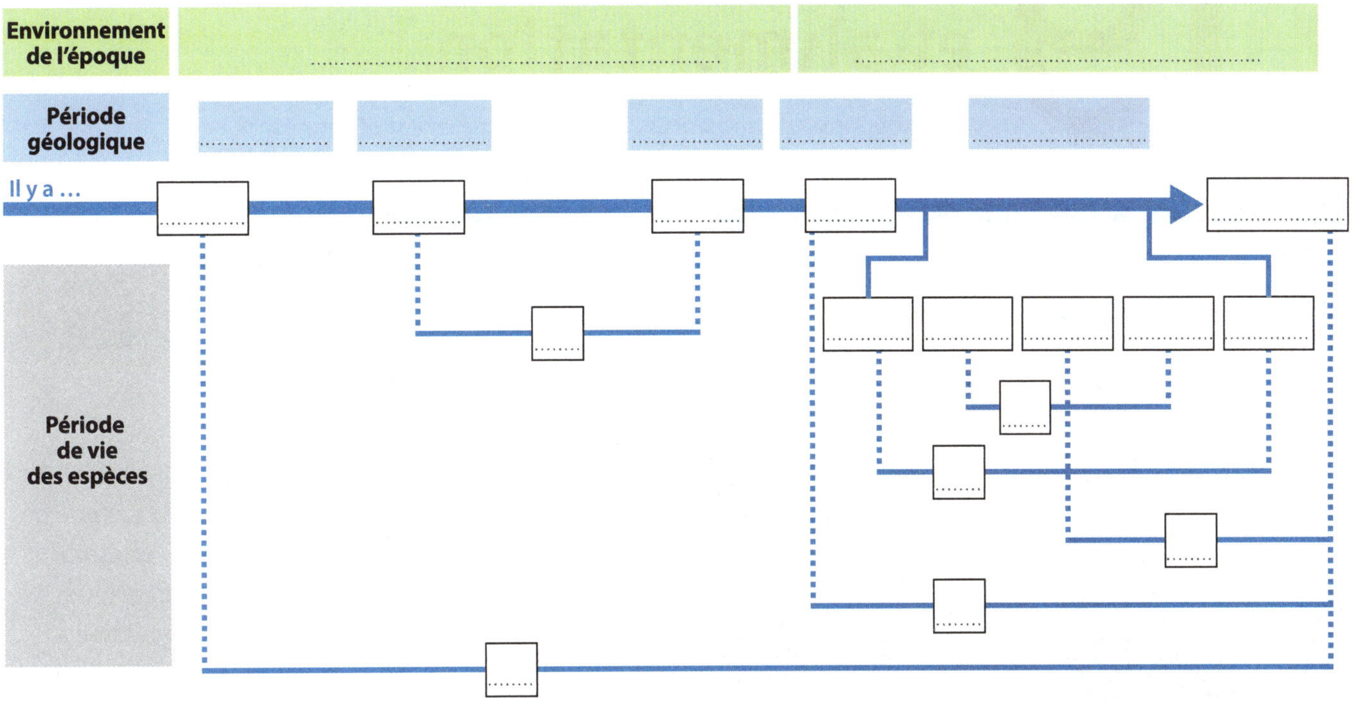

Unités de mesure du temps : Ma = million d'années, Ka = millier d'années

Nom des espèces dont on a trouvé les fossiles :

1 : ....

2 : ....

3 : ....

4 : ....

5 : ....

6 : ....

Je retiens

- **Pour conclure, complète le texte suivant.**

– Je sais que, dans cet environnement de prairie arborée, nous retrouvons dans le sol des .... comme les bélemnites qui vivaient à cet endroit entre – .... et – .... millions d'années.

– Or j'observe que les bélemnites ne peuvent vivre qu'en milieu ....

– J'en conclus que cet endroit était dans .... de la période du .... à celle du ....

.... et donc sa biodiversité, dont fait partie .... , ont changé au cours du temps.

Entre – ..... et – .... millions d'années vivait notre ancêtre commun avec les singes. Entre – .... et – .... ans vivait notre ancêtre commun avec *Homo neanderthalensis*.

Notre espèce (.................................) est apparue il y a ....

Le mot de l'activité

- **Choisis ton mot de l'activité dans le Mini-dico et recopie sa définition :**

....

....

....

TEST FLASH

Réponds au test de l'exploration 18 .

1 : .... 2 : ....

3 : .... 4 : ....

ACTIVITÉ

19 Besoins de l'organisme et alimentation

➜ Établir une relation entre l'activité, l'âge, les conditions de l'environnement et les besoins de l'organisme

exploration 19
hachette-clic.fr/22st6019

Tous les jours nous mangeons divers aliments. Fruits, légumes, viande ou poisson, œufs, produits laitiers, pain, pâtes, riz, etc. : notre organisme a besoin d'aliments variés pour être en forme toute la journée.

Quelle est la relation entre nos besoins et notre alimentation ?

- **Écris ici ton hypothèse pour répondre à la question.**

Je pense que ....
....
....

J'explore

1. Cherche dans **l'exploration 19** la pyramide alimentaire.
2. Complète ce tableau avec les bonnes informations.

Tableau des besoins alimentaires journaliers

Aliments	Eau	Céréales et dérivés	Fruits et légumes	Produits laitiers	Viandes, poissons, œufs	Matières grasses	Produits sucrés
Quantité conseillée par jour	....	....	....	....	....	....	....

Pour compléter une case, je dois :
- lire le titre de la ligne ;
- lire le titre de la colonne ;
- écrire le contenu correspondant dans la case.

Je fais cette démarche pour chaque case du tableau à compléter.

➜ Utiliser différents modes de représentation formalisés [D1.3]

3 Cherche dans **l'exploration 19** les besoins alimentaires de chaque personnage.

4 **Complète ce tableau avec les bonnes informations.**

Tableau des besoins de l'organisme en rapport avec différents paramètres de notre vie quotidienne

Paramètres de la vie quotidienne / Personne étudiée	Âge	Taille (m)	Poids (kg)	Activité physique	Conditions de l'environnement	Besoins de l'organisme en kcal (donnés par **l'exploration 19**)
Fatima	....	....	....	....	....	.... kcal
Quentin	....	....	....	....	....	.... kcal
Alison	....	....	....	....	....	.... kcal
Jade	....	....	....	....	....	.... kcal
Miguel	....	....	....	....	....	.... kcal
Djibril	....	....	....	....	....	.... kcal
Ton prénom :	.... ans					.... kcal

Je retiens

- **Complète le tableau suivant.**

Paramètres de la vie quotidienne	Âge	Activité physique	Conditions de l'environnement	Sexe
Les besoins de l'organisme sont plus importants quand …	....	....	....	....

- **Complète le texte suivant.**

Notre organisme a besoin d'.......... . Pour satisfaire nos besoins énergétiques, nous devons manger des .... Nos repas doivent être .... pour éviter des .... comme le .... ou l'.......... . Nous devons .... à volonté et limiter la consommation de .... et de ....

Le mot de l'activité

- **Choisis ton mot de l'activité dans le Mini-dico et recopie sa définition :**

....

....

....

TEST FLASH

Réponds au test de **l'exploration 19**.

1 : .... 2 : ....

3 : .... 4 : ....

ACTIVITÉ

20 Origine des aliments consommés

➜ Origine des aliments consommés : un exemple d'élevage, un exemple de culture

exploration 20

hachette-clic.fr/22st6020

Les plats que nous mangeons sont élaborés avec des aliments. Par exemple ce plat est cuisiné à partir de viande : du steak haché ; de légumes : les haricots verts ; et d'un dérivé de céréales : des pâtes.

Comment obtient-on du steak et des pâtes ?

Avant de commencer...

- **Complète le tableau avec ce que tu sais déjà.**

Aliment \ Caractéristiques	Origine de l'organisme	Vie de cet organisme	Devenir de cet organisme pour obtenir les aliments
Haricots verts	Haricot (plante)	Culture	Légume cueilli puis cuit
Steak	....	....	....
Pâtes	....	....	....

J'explore

1. **Navigue dans l'exploration 20 pour comprendre comment on obtient du steak et des pâtes.**
2. Note au brouillon les informations **qui vont t'aider à répondre à la question.**

1 Je lis les documents attentivement.

2 Je note au brouillon les informations qui vont m'aider à répondre à la question.

3 J'organise (je remets dans l'ordre) au brouillon ces informations.

4 J'écris la réponse au propre.

Pour extraire des informations de documents

➜ Extraire les informations de documents [D2]

Je retiens

- Complète les schémas ci-dessous.

Schéma du cycle de vie du blé

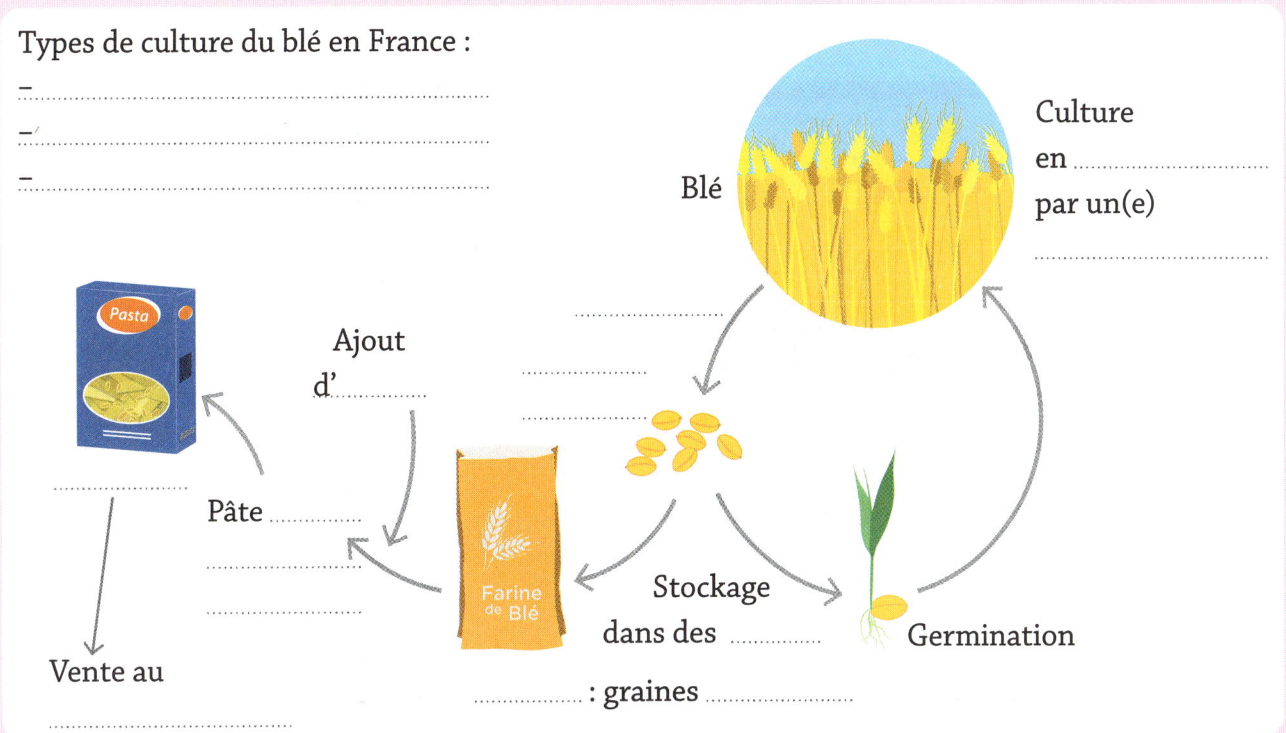

Schéma du cycle de vie du bœuf

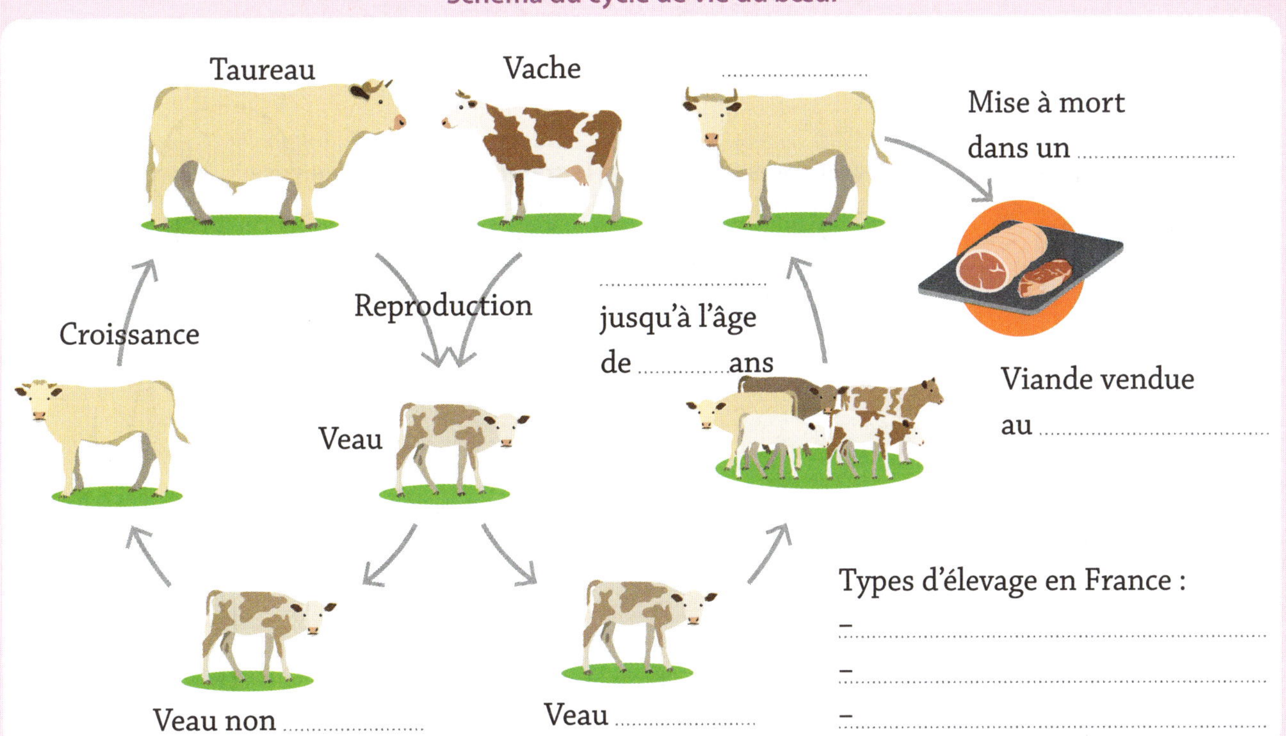

Le mot de l'activité

- Choisis ton mot de l'activité dans le **Mini-dico** et recopie sa définition :

....

....

....

TEST FLASH

Réponds au test de **l'exploration 20**.

1 : .... 2 : ....

3 : .... 4 : ....

ACTIVITÉ 21

La nutrition

➜ Apports discontinus de nourriture à l'échelle des organes / Organes de stockage

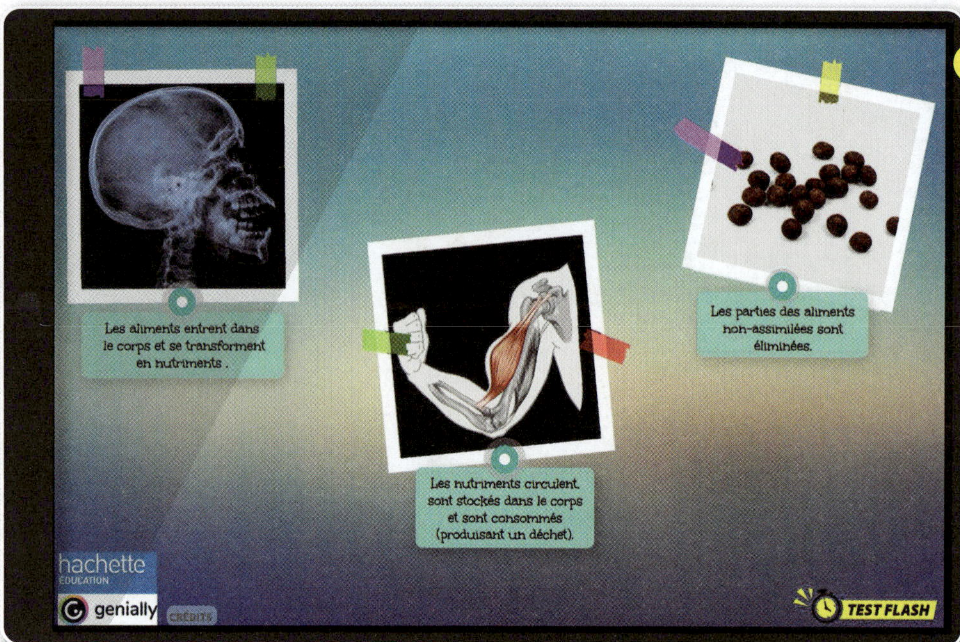

exploration 21

hachette-clic.fr/22st6021

Nous mangeons des aliments car nous avons des besoins énergétiques qui doivent être pourvus. Les aliments entrent dans notre corps par notre bouche, nous allons voir ce qu'ils deviennent.

Que deviennent les aliments lorsqu'ils entrent dans notre corps ?

- **D'après toi, quel est le trajet suivi par les aliments dans notre corps ? Complète la silhouette humaine avec le trajet des aliments.**

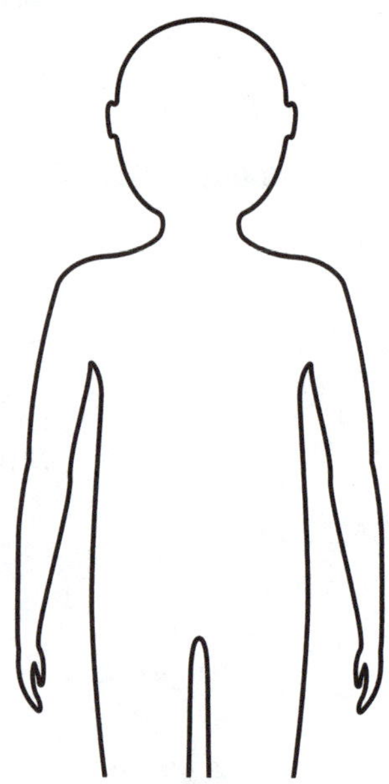

Schématisation du trajet des aliments dans le corps humain

J'explore

- **À l'aide de l'exploration 21, réalise un schéma du devenir des aliments dans le corps dans le cadre ci-contre.**

J'utilise des formes géométriques simples pour symboliser les éléments.

J'utilise des symboles (flèches, etc.) pour signifier le mouvement des éléments.

J'utilise un crayon à papier et des crayons de couleurs.

Je mets un titre et une légende.

Pour réaliser un schéma

➜ Utiliser différents modes de représentation formalisés [D1.3]

....

Je retiens

- **Complète le texte suivant.**

Lors de la ...., les aliments sont mastiqués dans la ...., acheminés par ...., puis dissous dans .... en nutriments. Ces .... et les déchets (fèces) de la digestion passent ensuite dans ....
Les nutriments passent de l'intestin grêle au sang (..............................), sont acheminés par le sang aux différents organes (.........................). La consommation des nutriments par les organes forme un déchet : le .... Certains nutriments sont stockés par des organes de stockage (exemple : ....) et sont libérés dans le .... si les apports alimentaires sont insuffisants. Les déchets sont évacués : les fèces continuent leur trajet dans le .... et sortent du corps par .... ; le dioxyde de carbone est transporté par le .... vers les .... et est évacué vers l'extérieur par la bouche et le nez (.................................).

Le mot de l'activité

- **Choisis ton mot de l'activité dans le Mini-dico et recopie sa définition :**

....

....

....

TEST FLASH

Réponds au test de l'exploration 21.

1 : .... 2 : ....

3 : .... 4 : ....

ACTIVITÉ 22

Microorganismes et aliments

➜ Mettre en évidence la place des microorganismes dans la production et la conservation des aliments

exploration 22
hachette-clic.fr/22st6022

Un yaourt ouvert et laissé à température ambiante change d'aspect au fil du temps : il passe de compact (J0, jour de l'ouverture) à un yaourt en deux parties (une partie liquide et une partie solide, J+1) et enfin à un aspect peu appétissant avec une odeur désagréable (J+13).

Pourquoi le yaourt change-t-il d'aspect au cours du temps ?

- **Utilise tes connaissances pour répondre aux questions suivantes.**

– De quoi est composé le yaourt ? ....

....

....

– Comment fabrique-t-on le yaourt ? ....

....

....

– Que risque-t-on en consommant un yaourt périmé depuis longtemps ?

....

....

J'expérimente

1. **Réalise une préparation microscopique du liquide de yaourt (J+1 à J+5).**

   Matériel nécessaire
   – Liquide de yaourt sorti du frigo (J+1 à J+5)
   – Jus de chou rouge
   – Pipette
   – Microscope
   – Lame et lamelle

2. **Observe cette préparation au microscope optique (voir méthode p. 38).** **Consulte l'exploration 22 si tu ne peux pas faire l'observation en classe.**
3. **Fais un dessin de ton observation au microscope optique dans le cadre de la page suivante.**
4. **Relève dans l'exploration 22 les informations utiles pour compléter le « Je retiens ».**

Titre : ....

Échelle : ....

Je fais des traits fins et continus, au crayon à papier, à main levée.

Je légende le dessin :
- j'écris les noms des éléments alignés les uns sous les autres ;
- je trace des traits horizontaux pour les pointer sur le dessin.

Je ne colorie pas.

J'écris un titre souligné :
- « dessin d'observation de… » ;
- ce qu'on observe ;
- avec quoi on observe ;
- grossissement (oculaire × objectif).

➜ Utiliser différents modes de représentation formalisés [D1.3]

Je retiens

● **Complète le texte avec les expressions suivantes :** *vitamines, protègent, microorganismes, détruire, conservation, listeria, lactobacilles, digérer, fabrication, pathogènes, retarder.*

Beaucoup d'aliments ont une date de péremption : ils ne sont plus bons à manger à partir d'un certain temps car des organismes microscopiques, appelés ...., les dégradent. Certains sont .... : ils peuvent déclencher des maladies (comme la bactérie .... du yaourt à J+6 ou à J+13 par exemple).
L'hygiène alimentaire est indispensable lors de la .... et de la .... des aliments pour .... ces pathogènes et .... la dégradation des aliments.
D'autres microorganismes sont bons pour la santé (comme les bactéries .... présentes dans le yaourt à J+ 1) : ils nous aident à mieux ...., nous .... contre des pathogènes et nous fournissent des .... dont nous avons besoin.
Il est dans notre intérêt de les conserver dans nos aliments.

Le mot de l'activité

● **Choisis ton mot de l'activité dans le Mini-dico et recopie sa définition :**

....

....

....

TEST FLASH

Réponds au test de **l'exploration 22**.

1 : .... 2 : ....

3 : .... 4 : ....

ACTIVITÉ 23

Les microorganismes dans l'alimentation

➜ Quelques techniques permettant d'éviter la prolifération des microorganismes

exploration 23
hachette-clic.fr/22st6023

Certains microorganismes (êtres vivants microscopiques) sont dangereux pour la santé : ils sont pathogènes, c'est-à-dire qu'ils peuvent provoquer une maladie s'ils entrent dans notre corps. Ils peuvent le faire par exemple par la nourriture que nous ingérons. Il faut donc éviter la prolifération (développement et multiplication) des microorganismes sur nos aliments.

Comment éviter la prolifération des microorganismes sur la nourriture ?

Avant de commencer...

- **Entoure les êtres vivants qui, d'après toi, peuvent être pathogènes parmi cette sélection.**

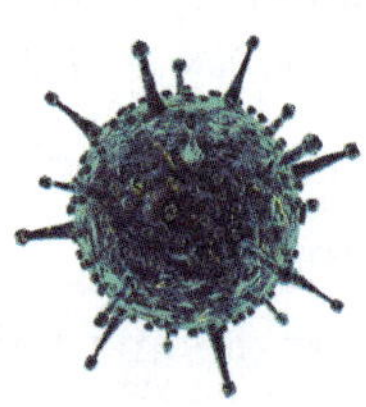

Virus

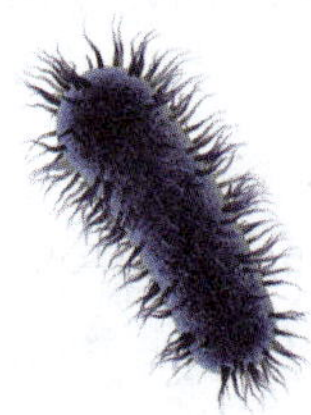

Bactérie

Chat

Les échelles ne sont pas respectées.

J'explore

1 Cherche dans l'exploration 23 des informations pour répondre à la problématique.

Je sélectionne les passages du document répondant à la question.

J'organise ces informations au brouillon : je rapproche celles qui se ressemblent.

Je choisis la manière de présenter ces informations (tableau, schéma, texte...) la plus appropriée.

Je présente ces informations.

Pour prélever, organiser et traiter l'information

➜ Exploiter un document constitué de divers supports [D1.1]

2 Présente ta réponse de la manière qui te semble la plus adaptée (au choix : texte, schéma, tableau).

Je retiens

- **Complète le texte suivant.**

Pour éviter le développement des microorganismes pathogènes dans notre nourriture, des règles d'.. doivent être respectées lors de la production, du transport, de la transformation et de la conservation des ....

Plusieurs procédés existent :
– de l'Antiquité à la fin du XVIIIe siècle : .... ;
– au XIXe siècle : la .... ;
– à partir de 1900 : la .... , la .... , la .... ;
– à partir de 1960 : la .... , la ....

Le mot de l'activité

- **Choisis ton mot de l'activité dans le Mini-dico et recopie sa définition :**

....

....

....

TEST FLASH

Réponds au test de l'exploration 23.

1 : .... 2 : ....
3 : .... 4 : ....

ACTIVITÉ

24 Croissance et développement des êtres vivants

➜ Identifier et caractériser les modifications subies par un organisme vivant au cours de sa vie

exploration 24

hachette-clic.fr/22st6024

Les êtres vivants naissent, vivent et meurent. Ils ont tous un cycle de vie particulier et subissent des modifications au cours de leur existence.

Comment se modifient les êtres vivants au cours de leur vie ?

- **Utilise tes connaissances pour remettre dans l'ordre les étapes de la vie de ces êtres vivants.**

1 2 3 4

Pissenlit : ....

a b c d

Crapaud : ....

J'explore

J'identifie l'axe des ordonnées (vertical) et l'axe des abscisses (horizontal).

J'observe et décris l'évolution de la courbe.

Je comprends à quoi correspondent les axes : le/la [axe des ordonnées] en fonction de/du [axe des abscisses].

➜ Utiliser différents modes de représentation formalisés [D1.3]

1 Navigue dans **l'exploration 24**. Pour chacun des trois êtres vivants présentés, décris l'évolution de leur taille et de leur poids au cours de leur vie et décris les changements physiques au cours de leur vie.

……
……
……
……
……
……
……
……
……
……

2 Navigue dans **l'exploration 24** et complète les cycles de vie des trois êtres vivants étudiés.

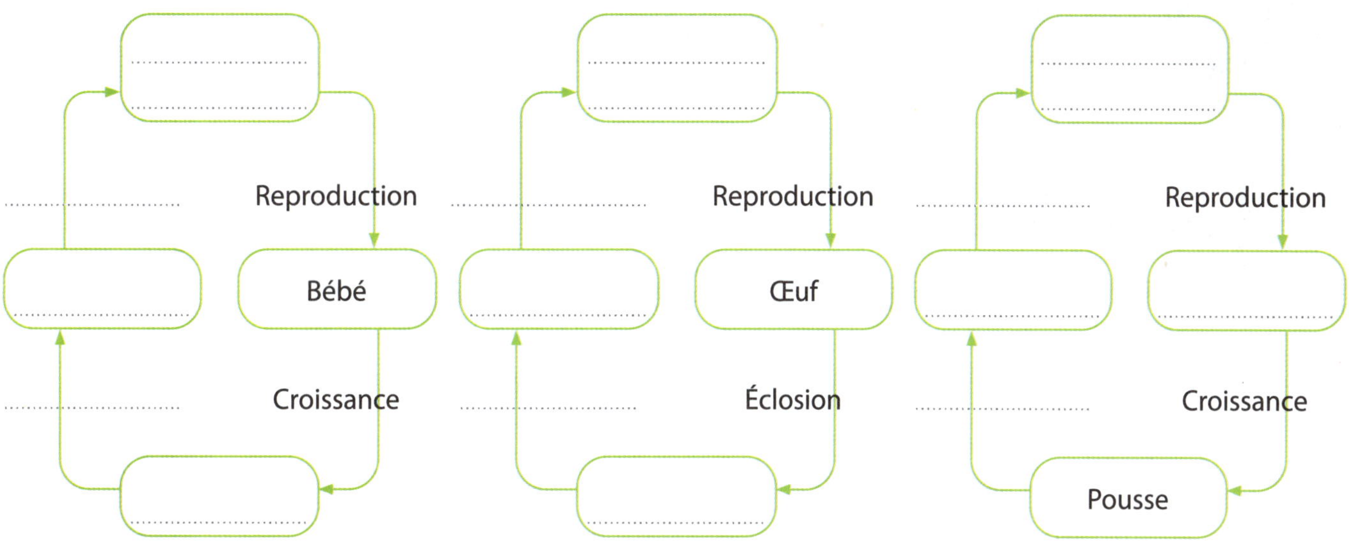

Cycles de vie de l'être humain, du papillon et du chêne

Je retiens

- **Complète le texte suivant.**

Les êtres vivants …………………… et prennent du …………………… durant leur vie : c'est le processus de la …………………… . Elle s'arrête quand l'individu est …………………… (croissance continue finie), sauf pour les végétaux où elle ne s'arrête pas (croissance continue indéfinie). Chez certains animaux, comme les papillons, l'animal croît en passant par différents …………………… et subit la …………………… (croissance discontinue).
Tous les êtres vivants …………………… et finissent un jour par …………………… .

Le mot de l'activité

- **Choisis ton mot de l'activité dans le Mini-dico et recopie sa définition :**

……………………………………………………………………………………
……………………………………………………………………………………
……………………………………………………………………………………

TEST FLASH

Réponds au test de **l'exploration 24**.

1 : ………… 2 : …………
3 : ………… 4 : …………

ACTIVITÉ

25 Reproduction asexuée des êtres vivants

➡ Identifier et caractériser les modifications subies par un organisme vivant

exploration 25

hachette-clic.fr/22st6025

Les êtres vivants changent au cours de leur vie : ils naissent, grandissent et meurent. De plus, ils se reproduisent pour former de nouveaux individus. Dans la nature, certains êtres vivants peuvent se reproduire tout seuls !

Comment les êtres vivants peuvent-ils former de nouveaux individus à partir d'un seul individu ?

- **Propose ton hypothèse pour répondre à cette question.**

....

....

J'expérimente

1 **Avec l'exploration 25, réalise les expériences virtuelles proposées en suivant les différents protocoles.**

Je réalise les étapes du protocole dans l'ordre.

Je respecte les consignes données.

J'observe et je note les résultats.

Je respecte les consignes de sécurité.

➡ Proposer une démarche pour répondre à une question de nature scientifique [D4]

2 **Complète le tableau des résultats ci-dessous.**

Être vivant étudié		Animal, végétal ou unicellulaire	Organe observé	Survie du nouvel individu	Nom donné à la création d'un nouvel individu
	Pothos	....	....	☐ Oui ☐ Non	....
	Fraisier	....	....	☐ Oui ☐ Non	....
	Fougère polypode	....	....	☐ Oui ☐ Non	....
	Bryozoaire de la posidonie	....	....	☐ Oui ☐ Non	....
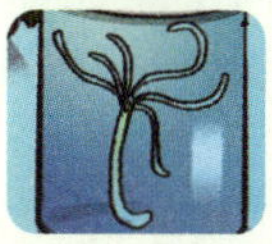	Hydre de mer	....	....	☐ Oui ☐ Non	....
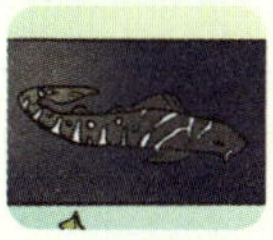	Requin zèbre	....	....	☐ Oui ☐ Non	....
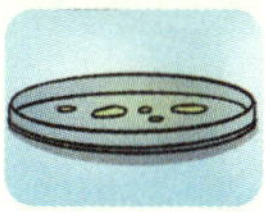	Bactérie	....	....	☐ Oui ☐ Non	....

Je retiens

- **Complète le texte suivant.**

Chez certaines espèces d'êtres vivants, un individu peut donner, à lui tout seul, naissance à d'autres individus : c'est la reproduction .... Il existe plusieurs modalités permettant cela : le .... (exemple : le pothos), la .... végétative (avec le stolon pour le fraisier, le rhizome pour la fougère polypode), le .... (exemple : le bryozoaire de la posidonie), la .... (exemple : l'hydre de mer), le .... (exemple : le requin zèbre), et la .... (exemple : la bactérie). La reproduction asexuée est assez courante chez les végétaux et les unicellulaires, mais on la retrouve aussi chez certains animaux.

Mon hypothèse est donc : ☐ validée ☐ invalidée

Le mot de l'activité

- **Choisis ton mot de l'activité dans le Mini-dico et recopie sa définition :**

....

....

....

TEST FLASH

Réponds au test de **l'exploration 25**.

1 : .... 2 : ....

3 : .... 4 : ....

ACTIVITÉ

26 Reproduction sexuée des êtres vivants

➜ Identifier et caractériser les modifications subies par un organisme vivant

exploration 26
hachette-clic.fr/22st6026

La tulipe et le renard sont capables de produire de nouveaux individus au cours de leur vie. Pour obtenir des descendants, ils doivent être deux : un mâle et une femelle.

Comment, à partir de deux individus d'une espèce (mâle et femelle), obtient-on un nouvel individu ?

- **Propose ton hypothèse pour répondre à cette question.**

....

....

J'explore et j'expérimente

1 **Navigue dans l'exploration 26 pour répondre aux questions suivantes.**

- **Quel(s) organe(s) de la fleur permet(tent) la formation du fruit ?**

....

- **Comment le pollen peut-il être apporté au pistil ?**

....

....

....

- **Qu'est-ce que la fécondation chez le végétal ?**

....

....

....

- **Qu'est-ce que la fécondation chez l'animal ?**

....

....

....

....

2 **Observe la fleur disséquée avec la loupe binoculaire** ou regarde **l'exploration 26**.
Matériel nécessaire : loupe binoculaire et lame mince de fleur

3 **Réalise le dessin d'observation de la fleur disséquée (voir méthode p. 49).**

➜ Utiliser le matériel adapté pour mener une observation [D2]

Je retiens

- **Complète le tableau suivant.**

Être vivant étudié	Organe femelle	Organe mâle	Cellule femelle	Cellule mâle	Phénomène permettant la formation de nouveaux individus
....	....	....	....	....	....
....	....	....	....	....	....

Le mot de l'activité

- **Choisis ton mot de l'activité dans le Mini-dico et recopie sa définition :**

....

....

....

TEST FLASH

Réponds au test de **l'exploration 26**.

1 : .... 2 : ....
3 : .... 4 : ....

ACTIVITÉ 27

Devenir apte à se reproduire chez les humains

➜ Décrire et identifier les changements du corps au moment de la puberté

exploration 27

hachette-clic.fr/22st6027

Le frère et la sœur de Zélie ont 15 ans. Ils ont changé de comportement et physiquement à partir de la 5e et Zélie, leur petite sœur, ne comprend pas pourquoi. Le frère de Zélie est comme Daniel Radcliffe, qui a changé entre son rôle dans Harry Potter et maintenant qu'il est adulte.

Que se passe-t-il dans le corps entre 11 et 15 ans ?

1 Hypothèse. **Propose ton hypothèse pour répondre à cette question.**

....

....

Je mène une investigation

2 Recherches. **Lance l'escape game (exploration 27) pour répondre aux questions.**

3 Résultats. **Sors des chambres en complétant les schémas de résultats suivants.**

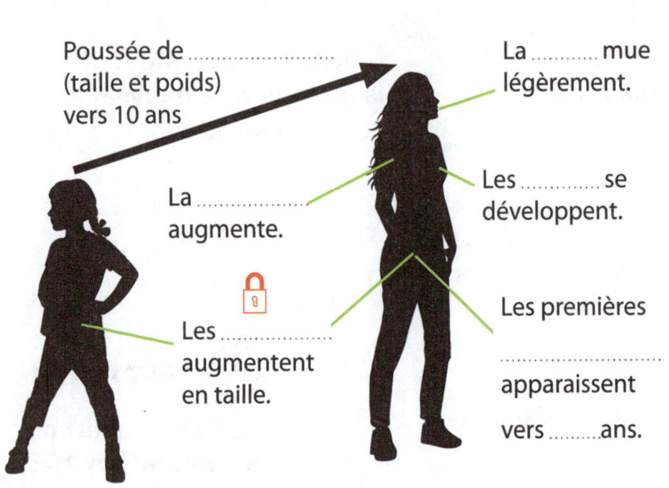

Changements observés chez Emmy

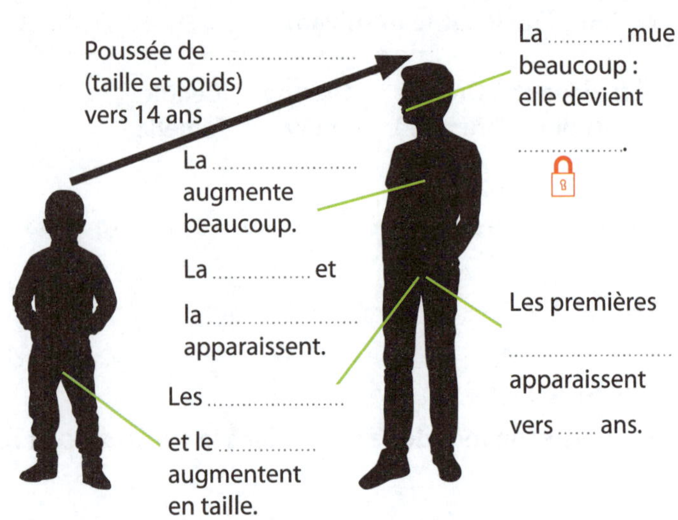

Changements observés chez Quentin

4 Interprétation. Sors de la bibliothèque en complétant le texte avec les termes : *bébés, J'en déduis que, adultes, organes et caractères sexuels secondaires (p. 121), 10 ans, 15 ans, organes sexuels primaires (p. 122), puberté.*

.................................., chez les garçons et les filles, la .... commence environ à .... et se termine à .... où ils/elles deviennent .... et peuvent avoir des .... Les .... augmentent de taille. Les .... apparaissent.

5 Conclusion. Pour finir l'escape game, conclus en complétant le texte suivant.

Je .... que la .... est un processus permettant aux enfants humains (filles et garçons) de devenir aptes à .... et de produire une .... Ce phénomène est accompagné de modifications .... des organes et des bouleversements d'ordre ....
Les organes producteurs de cellules reproductrices .... de taille lors de cette période et des nouveaux .... apparaissent.

1 J'écris une hypothèse avec ce que je sais : « Je pense que… ».

2 Je teste mon hypothèse en faisant des expériences, manipulations ou recherches documentaires.

3 Je note les résultats : « Je vois que… ».

4 J'interprète les résultats (donne une explication) : « J'en déduis que… ».

5 Je donne une conclusion qui répond à la problématique : « Je conclus que… ».

➜ Proposer une démarche pour résoudre un problème [D4]

Je retiens

- **Complète le tableau suivant.**

Organes / individus		**Femme**	**Homme**
Organes sexuels primaires	**Sexe externe**	....	....
	Organes producteurs de cellules reproductrices	....	....
	Organes conducteurs des cellules reproductrices	....	....
Organes et caractères sexuels secondaires		....	....
Nouveaux phénomènes		....	....

Le mot de l'activité

- **Choisis ton mot de l'activité dans le Mini-dico et recopie sa définition :**

....

....

....

TEST FLASH

Réponds au test de **l'exploration 27**.

1 : .... 2 : ....

3 : .... 4 : ....

ACTIVITÉ

28 Les besoins des plantes vertes (chlorophylliennes)

➜ Relier la production de matière par les organismes chlorophylliens et leurs besoins

exploration 28

hachette-clic.fr/22st6028

Alessia a besoin de ton aide ! Dès qu'elle achète une plante verte en pot, elle finit toujours par mourir.
Elle se demande donc quels sont les besoins de cette plante.

Comment les végétaux, comme les plantes vertes, font-ils pour se nourrir ?

- **Utilise tes connaissances pour entourer les images correspondant aux besoins des plantes vertes.**

J'expérimente

- **Pour aider Alessia, tu vas faire des expériences ou naviguer dans l'exploration 28 pour découvrir de quoi a besoin la plante verte pour vivre.**

1 **En utilisant ton imagination et l'exploration 28, complète les étapes de réalisation de l'expérience témoin ci-dessous.**

- Les étapes de l'expérience témoin sont :

1. Arrose régulièrement la terre de la plante avec .... sans l'inonder.
2. Expose la plante .... pendant la durée du jour.
3. Mets la plante à la température de .... et à l'aide du thermomètre.
4. Observe durant trois semaines l'état de la plante.

- Après avoir réalisé l'expérience témoin : ☐ la plante vit. ☐ la plante meurt.

2 Complète le tableau suivant **en faisant les expériences ou en utilisant l'exploration 28.**

Tableau de l'établissement du protocole des expériences choisies et de leurs résultats

LE facteur à faire varier	....	....	....	....	....
Matériel à retirer ou à ajouter par rapport à l'expérience témoin	....	....	....	....	....
Étape du protocole à retirer, ajouter ou modifier par rapport à l'expérience témoin	....	....	....	....	....
Résultats : au bout de plusieurs jours, j'observe que…	☐ la plante vit. ☐ la plante meurt.	☐ la plante vit. ☐ la plante meurt.	☐ la plante vit. ☐ la plante meurt.	☐ la plante vit. ☐ la plante meurt.	☐ la plante vit. ☐ la plante meurt.
Interprétation des résultats : j'en déduis que…	....	....	....	....	....

Je définis l'objectif de ce que je teste.

Je choisis LE facteur qui varie (un seul).

Je choisis le matériel et j'écris les étapes pour réaliser l'expérience.

Je n'oublie pas l'expérience témoin (voir p. 117).

Pour proposer un protocole d'expérience

➜ Proposer une démarche pour répondre à une question de nature scientifique [D4]

Je retiens

● **Complète le texte et les définitions ci-après.**

Je conclus que, pour survivre et croître, les plantes vertes ont besoin de ....

....

.... : gaz présent dans l'air en faible quantité (moins de 1 %).

.... : tous petits éléments minéraux présents dans le sol ou dans l'eau.

Le mot de l'activité

● **Choisis ton mot de l'activité dans le Mini-dico et recopie sa définition :**

....

....

....

TEST FLASH

Réponds au test de **l'exploration 28.**

1 : .... 2 : ....

3 : .... 4 : ....

ACTIVITÉ

29 Les besoins des animaux

➜ Relier la production de matière par les animaux et leur consommation de nourriture provenant d'autres êtres vivants

exploration 29
hachette-clic.fr/22st6029

Les besoins alimentaires des végétaux (lumière, dioxyde de carbone, eau et sels minéraux) pour se nourrir et croître sont différents de ceux des animaux, y compris les humains. Olivier, scientifique, doit analyser les régimes alimentaires des animaux de sa région.

Comment les différentes espèces animales se nourrissent-elles ?

Avant de commencer...

- **Utilise tes connaissances pour compléter les chaînes alimentaires.**

Légende : 1 ← 2 signifie « 1 est mangé par 2 »

.... ← .... ← ....

.... ← ....

.... ← .... ← ....

J'explore

Je commence le texte par « Je conclus que… » ou « En conclusion… ».

Je formule les phrases en reprenant les termes de la problématique de départ ou les questions.

Je résume dans ce texte l'ensemble des informations apportées par la réalisation de l'exercice.

Pour rédiger une conclusion

➜ Proposer une démarche pour répondre à une question de nature scientifique [D4]

- En utilisant **l'exploration 29**, complète la représentation ci-dessous et son titre.

Représentation du .... de notre environnement proche

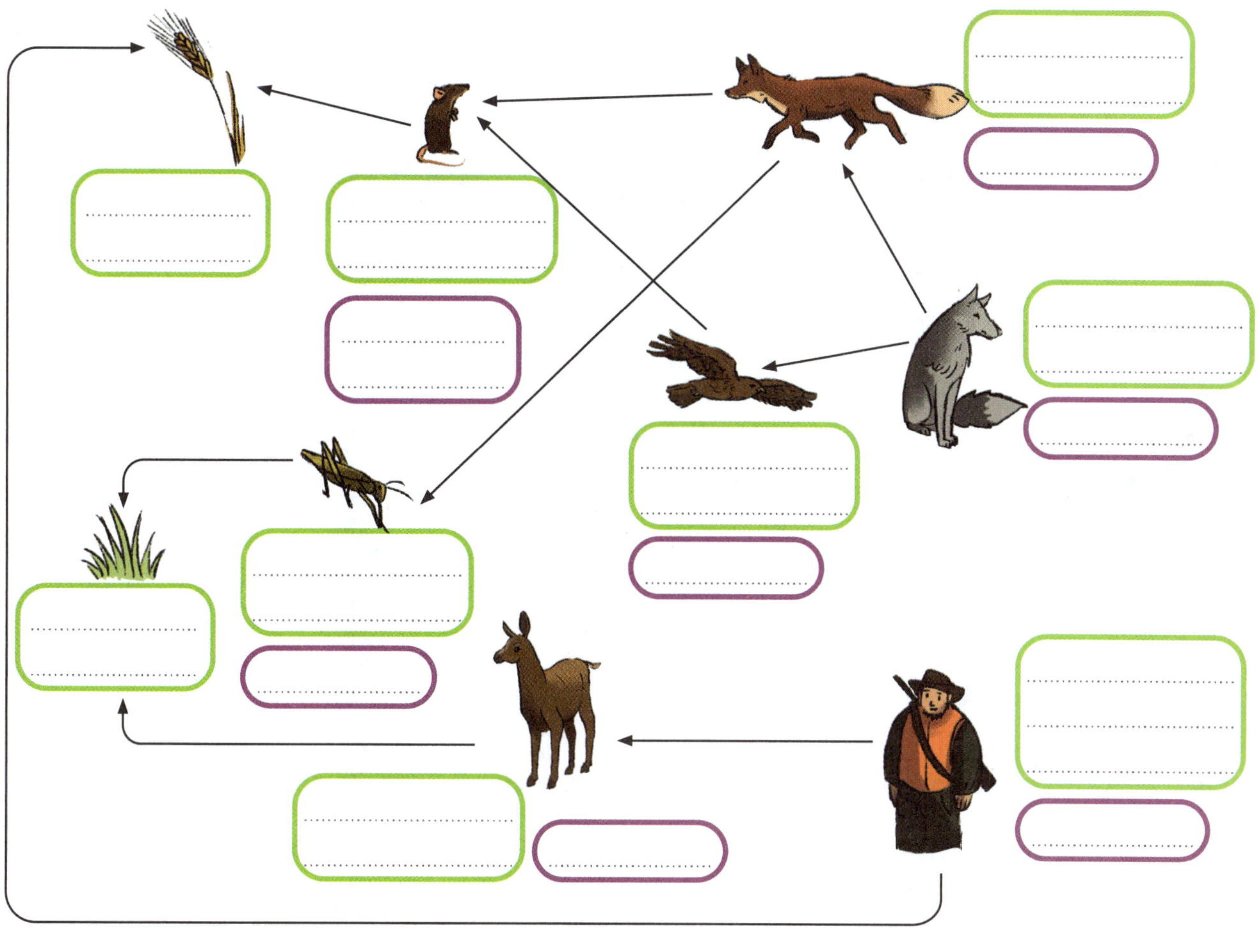

<u>Légende</u> : Être vivant qui est mangé ⟵ Être vivant qui mange | Niveau trophique | Régime alimentaire

Je retiens

- Écris une conclusion (méthode ci-contre) **qui explique ce qu'est un réseau trophique en utilisant les termes suivants :** *animaux, végétaux, herbivores, granivores, carnivores, omnivores, producteurs primaires, consommateurs primaires, consommateurs secondaires, consommateurs tertiaires, réseau trophique.*

....

....

....

....

....

....

....

Le mot de l'activité

- **Choisis ton mot de l'activité dans le Mini-dico et recopie sa définition :**

....

....

....

TEST FLASH

Réponds au test de **l'exploration 29**.

1 : .... 2 : ....

3 : .... 4 : ....

ACTIVITÉ

30 Devenir d'un organisme qui ne vit plus

➜ Relier la production de matière par les animaux et leur consommation de nourriture provenant d'autres êtres vivants

exploration 30
hachette-clic.fr/22st6030

Zélie se promène dans ce bois toutes les semaines avec ses parents : « J'observe le sol et je vois plein de feuilles mortes et parfois des excréments et des cadavres de petits animaux. Mais ça finit toujours par disparaître au bout de quelques semaines. » Aide Zélie à découvrir pourquoi !

Que devient la matière d'un organisme lorsqu'il meurt ?

1 Hypothèse. **Propose ton hypothèse pour répondre à cette question.**

....

....

....

J'expérimente et j'explore

2 Expérience. **Réalise l'expérience ou navigue dans l'exploration 30.**

Matériel nécessaire
- Échantillon de sol
- Appareil de Berlèse
- Flacon rempli d'alcool
- Boîtes de Pétri

Protocole
- Mets l'échantillon de sol à l'intérieur de l'appareil de Berlèse.
- Allume la lampe et observe ce qui se passe
- Récupère les êtres vivants dans le flacon d'alcool et observe-les.

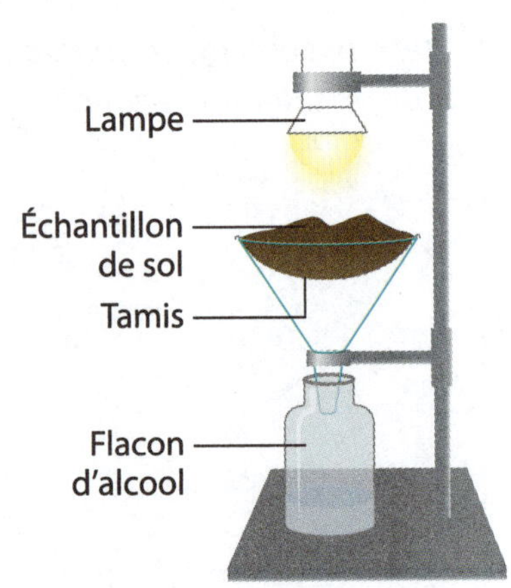

3 Résultats

- **En t'aidant de l'exploration 30, relie les organismes à leur rôle.**

Macrofaune (lombrics) •	• Fragmentation des débris végétaux
Champignons microscopiques •	• Mélange, brassage et aération du sol
Microfaune (collemboles, acariens, nématodes) •	• Décomposition de la matière organique en matière minérale
Bactéries •	

- En observant l'échantillon de sol et en t'aidant de **l'exploration 30**, complète les légendes :

- En utilisant **l'exploration 30**, complète le texte suivant.

Je .... que le sol contient également des microorganismes constituant la .... (collemboles, acariens, nématodes), des .... microscopiques et des .... On peut les observer au ....

- Interprétation. **Interprète les résultats en complétant le texte suivant.**

J'en .... que le sol est composé d'êtres vivants ayant chacun un .... précis (fragmentation, décomposition de la matière organique par exemple). Cette matière organique est la base de .... où la matière organique est mangée par les .... eux-mêmes mangés par des ....

➜ Proposer une démarche pour répondre à une question de nature scientifique [D4]

Je retiens

4 Conclusion. Pour conclure, complète le texte suivant.

Je .... que le corps des animaux morts, les .... et les .... observés par Zélie sont .... au cours du temps par des êtres vivants .... qui vivent dans le sol. C'est la décomposition de la .... des êtres vivants. Ces décomposeurs sont des ...., des .... et des ...., qui font partie du .... du sol. Une fois la décomposition terminée, la matière .... est devenue de la matière .... et forme le ....

Le mot de l'activité

- Choisis ton mot de l'activité dans le Mini-dico et recopie sa définition :

....

....

....

TEST FLASH

Réponds au test de **l'exploration 30**.

1 : .... 2 : ....

3 : .... 4 : ....

ACTIVITÉ

31 Les évolutions d'un objet technique : le cerf-volant

➧ Repérer les évolutions d'un objet dans différents contextes

exploration 31
hachette-clic.fr/22st6031

Le cerf-volant serait apparu il y a plus de 3 000 ans en Asie. Depuis cette époque, il n'a cessé d'évoluer. Ses formes, ses matériaux ont bien changé pour répondre à de nouveaux besoins et profiter de nouvelles inventions.

Quelles sont les évolutions techniques du cerf-volant ?

Avant de commencer...

- **Utilise tes connaissances pour répondre aux questions suivantes.**

– Une invention, c'est :
☐ copier un objet technique.
☐ un objet technique d'occasion remis à neuf.
☐ trouver quelque chose qui n'existe pas.

– Une innovation, c'est :
☐ quelque chose qui n'existait pas avant et qui améliore un objet technique.
☐ un objet copié par quelqu'un ou une autre entreprise.
☐ une option que l'on ajoute à un objet technique.

J'explore

1 Avec **l'exploration 31**, identifie les évolutions **du cerf-volant et complète le tableau ci-contre.**

J'identifie pour chaque objet technique son contexte (époque, situation).

J'indique à quel(s) besoin(s) répond l'objet technique.

J'identifie les innovations apparues : formes, matériaux et principe de fonctionnement.

Pour comprendre l'évolution d'un objet technique

➧ Identifier les évolutions des besoins et des objets techniques dans leur contexte [D5]

Cerf-volant	Description (forme, matière, taille)	Besoin (pourquoi on l'a inventé)	Contexte (époque, situation)
N°1	....	....	....
N°2	....	....	....
N°3	....	....	....
N°4	....	....	....
N°5	....	....	....
N°6	....	....	....

2 **Parmi les cerfs-volants présentés dans l'exploration 31, cite :**

– deux exemples d'innovation dans les matériaux utilisés :

....

– un exemple d'innovation dans le principe de fonctionnement :

....

Je retiens

- **Complète le texte suivant.**

Les .... évoluent dans le temps et selon les contextes pour répondre à de nouveaux .... Ils peuvent être améliorés grâce à des ...., comme par exemple l'utilisation de matériaux ou de nouveaux ....

Le mot de l'activité

- **Choisis ton mot de l'activité dans le Mini-dico et recopie sa définition :**

....

....

....

TEST FLASH

Réponds au test de l'exploration 31.

1 : .... 2 : ....

3 : .... 4 : ....

ACTIVITÉ 32

Besoin, fonction d'usage et fonction d'estime

➧ Décrire le fonctionnement d'objets techniques, leurs fonctions et leurs constitutions

exploration 32

hachette-clic.fr/22st6032

Notre mode de consommation fait que différents objets techniques remplissent la même fonction (fonction d'usage) : écrire par exemple. Choisir un produit plutôt qu'un autre dépend de critères personnels (design, effet de mode) : c'est la fonction d'estime.

Comment distinguer les fonctions d'usage des fonctions d'estime ?

- **D'après toi, indique sur l'image les véhicules qui remplissent les fonctions d'usage suivantes, en dessinant en-dessous :**

– une croix : « transporter au moins huit personnes » ;
– un cercle : « se déplacer et se garer facilement en ville » ;
– un carré : « transporter du matériel de chantier »

Puis entoure le véhicule que tu préfères (fonction d'estime).

- **Choisis les bonnes réponses.**

– Tous ces véhicules remplissent la fonction d'usage « se déplacer rapidement sur de longues distances » :
☐ vrai ☐ faux
– La fonction d'estime est la même pour tout le monde : ☐ vrai ☐ faux

Je relève un défi

1 **Avec l'exploration 32, relève le défi en imaginant un stylo ayant deux fonctions d'usage.**

Fonctions d'usage : ……………………………………………………………………………………

2 **Réalise un schéma légendé et en couleur de ton projet dans le cadre ci-dessous.**

Nom du stylo : ……………………………………

Description simple du stylo (fonctions, design) : ……………………………………………………

……………………………………………………………………………………………………

……………………………………………………………………………………………………

→ Utiliser différents modes de représentation formalisés [D1.3]

Je retiens

- **Complète le texte suivant.**

La ……………………………… d'un objet technique est la raison pour laquelle l'objet a été créé, alors que la ……………………………… est la raison pour laquelle l'objet nous plaît.

Le ……………… désigne les choix de formes, de couleurs, d'aspects, qui rendent un objet technique agréable à utiliser et à regarder.

Le mot de l'activité

- **Choisis ton mot de l'activité dans le Mini-dico et recopie sa définition :**

……………………………………………………………………………………

……………………………………………………………………………………

……………………………………………………………………………………

TEST FLASH

Réponds au test de l'exploration 32.

1 : ………… 2 : …………

3 : ………… 4 : …………

ACTIVITÉ

33 Déplacer un robot sur Mars

➜ Décrire et représenter le fonctionnement d'un objet technique

exploration 33
hachette-clic.fr/22st6033

En 2020, la NASA a envoyé un robot appelé « Perseverance » sur la planète Mars : un robot d'exploration de plus d'une tonne dont plus de 300 kg d'instruments scientifiques ! Un laboratoire mobile capable de transmettre vers la Terre les informations d'un milieu hostile à des millions de kilomètres ! Les ingénieur(e)s ont dû inventer un robot sur mesure pour cette mission.

Quels sont les organes qui permettent au robot de se déplacer sur la planète Mars ?

- **À ton avis, pourquoi le robot doit-il pouvoir se déplacer de manière autonome sur Mars ?**

....

....

- **Qu'est-ce qui peut rendre difficile les déplacements sur Mars ?**

....

....

J'explore

1. **Les ingénieur(e)s ont équipé le robot de roues. Ils ont choisi six roues indépendantes et directrices. Cherche la raison dans l'exploration 33.**

....

2. **Dans l'animation de l'exploration 33, on peut voir que les roues sont larges. Explique pourquoi.**

....

3. **Cherche dans l'animation de l'exploration 33 le rôle de la caméra dans le déplacement du robot.**

....

4. **D'après toi, pourquoi ne pas avoir utilisé de chenilles comme sur les engins de chantier ou les blindés militaires (voir images dans l'exploration 33) ?**

....

Je repère les différents organes de l'objet, ici, un robot.

J'explique le fonctionnement de chaque organe.

Je comprends le fonctionnement des différents organes.

➜ Décrire le fonctionnement d'objets techniques, leurs fonctions, leurs composants [D4-5]

5 **À l'aide de l'exploration 33, fais un schéma montrant l'aspect général du robot en indiquant les organes suivants :**

- roues ;
- caméra ;
- bras articulé.

➜ Essaie de représenter simplement les différents organes.

➜ Tu peux faire plusieurs schémas afin de mieux montrer les différentes parties.

Titre : ....

Je retiens

- **Complète le texte suivant.**

Un système technique est constitué de plusieurs groupes techniques appelés .... (organe de transmission, organe de communication…).
Pour chaque .... technique il peut exister plusieurs ....
Chaque solution est choisie par rapport à ce que l'on attend de l'objet et sa faisabilité.

Le mot de l'activité

- **Choisis ton mot de l'activité dans le Mini-dico et recopie sa définition :**

....

....

....

TEST FLASH

Réponds au test de l'exploration 33.

1 : .... 2 : ....

3 : .... 4 : ....

ACTIVITÉ

34 Familles de matériaux : caractéristiques et propriétés

Identifier les différentes familles de matériaux

exploration 34
hachette-clic.fr/22st6034

Aya et Maxime ont envie de fabriquer un cerf-volant. Ils ont de la colle et de la ficelle. Ils se demandent quel serait le meilleur matériau pour la voile : tissu, papier, plastique… ? Et ils hésitent pour la structure entre des tubes en verre, en métal ou en fibre de verre.

Comment choisir le meilleur matériau ?

- **À ton avis, quelles devraient être les qualités du matériau qui sera choisi pour la voile du cerf-volant ?**

....

- **Et les qualités du matériau pour la structure ?**

....

J'explore

Aya et Maxime ont trouvé plusieurs matériaux.

1. Du papier journal
2. Du Tyvek
3. Un sac plastique
4. Des tiges de verre
5. Des tiges en acier
6. Des tiges en fibre de verre

1 **Avec l'aide de l'exploration 34, aide Aya et Maxime à trouver la famille et les caractéristiques de chaque matériau.**

Matériau	Famille	Caractéristiques
N°1	....	....
N°2	....	....
N°3	....	....

Matériau	Famille	Caractéristiques
N°4	....	....
N°5	....	....
N°6	....	....

2 **Selon toi, quel est le meilleur matériau pour fabriquer la voile du cerf-volant ?**

Échantillon n° .... parce que ....

....

3 **Selon toi, quel est le meilleur matériau pour fabriquer la structure du cerf-volant ?**

Échantillon n° .... parce que ....

....

4 **Maxime veut fabriquer une voile solide et qui ne craint pas la pluie, quel matériau va-t-il choisir ?**

....

....

5 **Aya veut fabriquer une voile qui ne polluera pas la planète une fois que le cerf-volant sera en fin de vie, cassé ou perdu, quel matériau va-t-elle choisir ?**

....

....

➡ Pour identifier les principales familles de matériaux [D4]

Je retiens

- **Complète le texte suivant.**

Les .... sont des matières naturelles ou artificielles utilisées pour fabriquer un objet. Ils sont classés en .... : .... (exemple : bois, laine...) ; .... (exemple : ardoise, porcelaine...) ; .... (exemple : cuivre, acier...) ; .... et composite. Le choix d'un matériau dépend de ses ...., de ce qu'on veut faire avec, de sa capacité à être ...., etc.

Le mot de l'activité

- **Choisis ton mot de l'activité dans le Mini-dico et recopie sa définition :**

....

....

....

TEST FLASH

Réponds au test de l'exploration 34.

1 : .... 2 : ....

3 : .... 4 : ....

ACTIVITÉ

35 Impact environnemental de nos objets

➜ Avoir un esprit critique sur l'impact environnemental de la salle informatique du collège

exploration 35
hachette-clic.fr/22st6035

La salle informatique du collège vient d'être équipée de 30 ordinateurs neufs qui ne sont pas éteints par les élèves mais mis en veille afin de démarrer plus vite. Un groupe d'élèves se questionne sur l'impact environnemental des ordinateurs tout au long de leur cycle de vie.

Quel est l'impact environnemental d'un ordinateur, de sa fabrication jusqu'à son recyclage ou sa destruction ?

- **Réponds aux questions suivantes.**

  – D'après toi, pourquoi la fabrication d'un ordinateur a-t-elle un impact sur l'environnement ?

  ....

  ....

  – D'après toi, est-ce qu'un ordinateur consomme de l'électricité lorsqu'il est en veille ?

  ....

  ....

J'explore

1 Cherche dans **l'exploration 35** les matériaux utilisés pour fabriquer un ordinateur et complète le schéma de la page suivante.

2 Indique quel est l'impact sur l'environnement des « vieux » ordinateurs remplacés par des neufs.

....

3 Donne des solutions pour réduire cette pollution.

....

....

....

....

4 Retrouve dans **l'exploration 35** la consommation d'un ordinateur en veille.

....

Matériaux nécessaires à la fabrication d'un ordinateur de bureau

➜ Adopter un comportement éthique et responsable [D3.5]

Je retiens

- **Complète le texte suivant.**

Utiliser des ordinateurs et des appareils électroniques n'est pas sans conséquence pour la planète. Leur production a un .... environnemental car elle nécessite de l'énergie, de l'eau, des matériaux .... ou d'origine fossile et entraîne l'émission de .... Ils parcourent souvent la planète avant d'arriver sur leur lieu de vente.
Même en veille, un appareil consomme de .... Seule une faible partie des composants sont .... quand l'appareil est en fin de vie.

Le mot de l'activité

- **Choisis ton mot de l'activité dans le Mini-dico et recopie sa définition :**

....
....
....

TEST FLASH

Réponds au test de l'exploration 35.

1 : .... 2 : ....
3 : .... 4 : ....

ACTIVITÉ

36 Les contraintes

Notion de contrainte

exploration 36

hachette-clic.fr/22st6036

Zina et Gabriel doivent préparer leurs affaires pour les cours du lendemain. Ils se rendent compte que leurs sacs à dos ne sont pas adaptés pour tout transporter car leurs matériels sont nombreux, lourds, encombrants ou fragiles. Ils décident de concevoir un sac qui leur convienne.

De quoi faut-il tenir compte pour concevoir un objet technique ?

- **Utilise tes connaissances pour compléter le schéma suivant.**

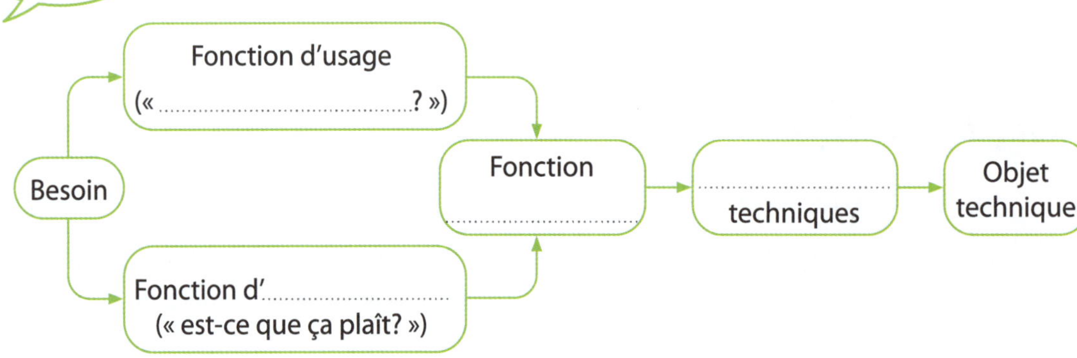

J'explore

1 **Quel est l'objet technique dont parlent Zina et Gabriel dans l'exploration 36 ?**

....

2 **Quelle est sa fonction d'usage ?**

....

....

3 À l'aide de **l'exploration 36**, associe les six types de contraintes à leur définition :

Fonctionnelles •	• Qui sont conçues dans un souci de développement durable.
Economiques •	• Qui permettent l'utilisation en toute sûreté.
Esthétiques •	• Qui sont liées à la forme, aux couleurs, aux goûts.
Ergonomiques •	• Qui répondent à la fonction d'usage.
De sécurité •	• Qui permettent un bon rapport qualité/prix.
Environnementales •	• Qui facilitent l'utilisation de l'objet technique.

4 **Cherche dans l'exploration 36 les contraintes énoncées par Zina et Gabriel et classe-les ci-dessous en face de chaque type de contrainte.**

– Utilise la formulation : verbe à l'infinitif + complément de phrase.
– Donne un titre à la carte mentale.

Sac à dos pour le collège

Contraintes fonctionnelles
– ……………………
……………………
– ……………………
……………………

Contraintes ergonomiques
– Être léger
– ……………………
– ……………………
……………………

Contraintes de sécurité
– Ne pas blesser
– ……………………
– ……………………
……………………

Contraintes économiques
– ……………………
……………………
……………………

Contraintes esthétiques
– ……………………
……………………
……………………
……………………

Contraintes environnementales
– ……………………
……………………
……………………
……………………

Titre : ……………………

Je connais le vocabulaire (notion de contrainte).

Je sais identifier les informations utiles.

Je sais classer les informations utiles.

➜ Extraire et organiser les informations utiles à la réalisation d'un problème [D4-1.1]

Je retiens

• **Complète le texte suivant.**

Concevoir un objet technique nécessite de répondre au ………… exprimé, ainsi qu'aux fonctions d'usage, d'estime et techniques, mais aussi aux contraintes qui peuvent être f…………, e…………, e…………, e…………, é………… et liées à la s………….

Le mot de l'activité

• **Choisis ton mot de l'activité dans le Mini-dico et recopie sa définition :**

……………………
……………………
……………………

TEST FLASH

Réponds au test de **l'exploration 36**.

1 : ………… 2 : …………
3 : ………… 4 : …………

ACTIVITÉ 37

Imaginer un crochet personnalisé

➜ Recherche d'idées (schémas, croquis…)

exploration 37

hachette-clic.fr/22st6037

Les enseignant(e)s ont besoin d'un crochet porte-manteau dans leur salle. Chaque enseignant(e) souhaiterait avoir un crochet représentant sa discipline.

Quelles solutions techniques imaginer ? Comment trouver des idées ?

- **Utilise tes connaissances pour citer les types de contraintes liées à la fabrication d'un objet technique.**

....

....

J'explore

1 Regarde bien l'animation sur **l'exploration 37** puis réponds aux questions.

- **Quelle est la différence entre un croquis et un schéma ?**

....

....

....

....

- **Comment se nomme le document qui liste les contraintes à respecter ?**

....

- **Comment appelle-t-on la technique qui permet de rechercher un maximum d'idées en équipe ?**

....

2 À partir des crochets existants proposés sur **l'exploration 37** et du cahier des charges, explique quels sont les crochets qui pourraient correspondre aux besoins exprimés par les enseignant(e)s.

....

3 **PAR ÉQUIPE, choisissez une discipline et menez un brainstorming pour trouver un maximum d'idées pour répondre aux besoins de l'enseignant(e) et aux contraintes du cahier des charges.**
Note les idées de ton équipe ici :

....

....

Quelle solution ton équipe a-t-elle retenue ? ....

4 **Dessine un croquis du crochet que ton équipe souhaite réaliser pour répondre aux besoins de l'enseignant(e) de la discipline choisie par ton groupe. Puis, donne un titre à ton travail.**

Titre : ....

➜ Réaliser en équipe un objet technique répondant à un besoin [D5]

Je retiens

- **Complète le texte suivant.**

Pour trouver des .... pour la réalisation d'un objet technique, on fait des ...., on propose des .... en tenant compte des contraintes recensées dans le cahier des charges. On choisit la meilleure idée et on la représente par un .... ou ....

Le mot de l'activité

- **Choisis ton mot de l'activité dans le Mini-dico et recopie sa définition :**

....

....

....

TEST FLASH

Réponds au test de l'exploration 37.

1 : .... 2 : ....
3 : .... 4 : ....

ACTIVITÉ 38

Modéliser le crochet

➜ Modélisation du réel, représentation en conception assistée par ordinateur

exploration 38

hachette-clic.fr/22st6038

Maintenant que chaque équipe a dessiné un croquis pour représenter son idée de crochet (voir activité précédente), il leur est demandé de présenter leur travail à l'ensemble de la classe.

Comment représenter un objet technique ?

- **Rappelle la discipline que ton groupe a choisi de représenter sur le crochet lors de l'activité 37.**

....

Je relève un défi

1 **À l'aide de l'exploration 38, explique l'objectif de chaque mode de représentation d'un objet technique.**

Le croquis ....

Le dessin de définition ....

La maquette réelle ....

La maquette numérique ....

- **Quel est l'intérêt de réaliser une maquette numérique (modélisation) ?**

....

....

....

2 **Réalisation d'une maquette réelle du crochet imaginé dans l'activité précédente.**

- **Décris ci-dessous comment réaliser cette maquette.**

....

....

- Liste le matériel dont ton équipe a besoin :

....

- Procède avec tes camarades à la réalisation de la maquette réelle.

3 **Réalisation d'une maquette numérique du crochet.**

- À l'aide des tutoriels proposés sur **l'exploration 38** et des conseils de ton enseignant(e), utilise un modeleur volumique pour modéliser le crochet de ton équipe.
- Colle ci-contre une impression de ta maquette numérique.

Je connais la différence entre une maquette réelle et une maquette numérique.

J'utilise un modeleur volumique.

➡ Utiliser des outils numériques pour représenter des objets techniques [D2]

Je retiens

- Complète le bilan avec le nom des différentes représentations.

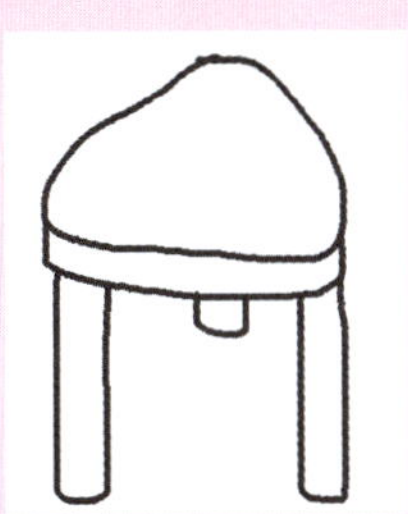

....

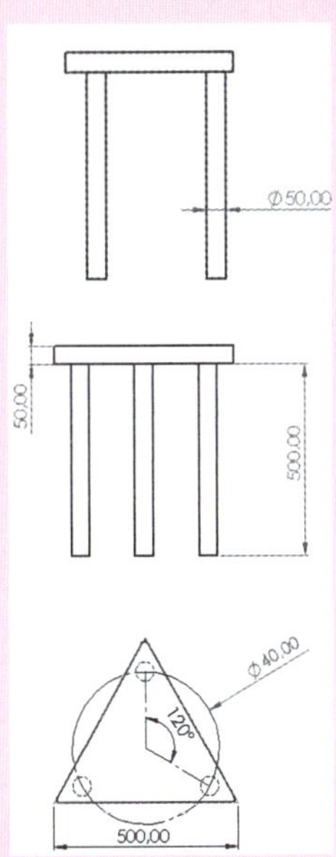

....

....

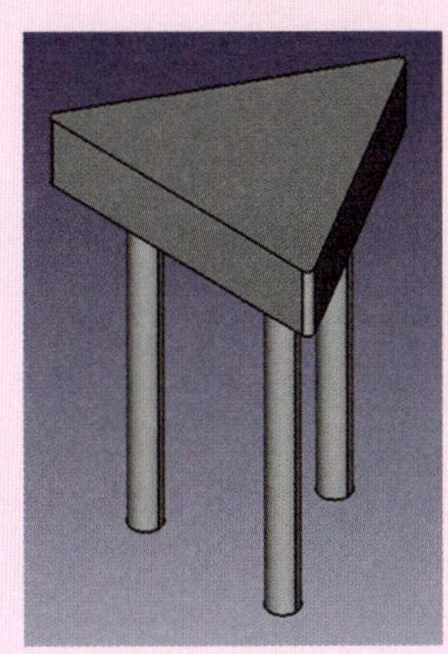

....

Le mot de l'activité

- Choisis ton mot de l'activité dans le Mini-dico et recopie sa définition :

....

....

....

TEST FLASH

Réponds au test de **l'exploration 38**.

1 : .... 2 : ....

3 : .... 4 : ....

ACTIVITÉ

39 Organiser la réalisation d'un objet technique

➜ Processus, planning, protocoles, procédés de réalisation

exploration 39

hachette-clic.fr/22st6039

Le professeur propose à ses élèves de Sixième de réaliser la maquette d'un mini-dragster : un véhicule de compétition qui doit parcourir une piste rectiligne le plus rapidement possible.

Comment organiser la réalisation pour fabriquer cette maquette ?

- **À ton avis, pourquoi est-il important d'organiser la réalisation de la maquette avant de commencer ?**

....

....

....

J'explore

1 **D'après les informations de l'exploration 39, réponds aux questions sur le planning ci-dessous.**

Séance	Émilie	Nolan	Robin	Anaïs
S1	A	A	B	B
S2	C	D	B	B
S3	E	E	F	G

- Combien de tâches faut-il réaliser pour la fabrication de cet objet ? ....
- Combien d'élèves travaillent sur la tâche A ? ....
- Combien de séances dure la réalisation de la tâche B ? ....

2 **D'après les liens vers les machines du laboratoire de technologie de l'exploration 39, remets dans l'ordre les étapes d'utilisation de ces deux machines.**

Protocole d'utilisation d'une perceuse		....	Mise en place de la pièce
....	Contrôle de la pièce	....	Perçage de la pièce
....	Blocage de la pièce	....	S'attacher les cheveux
....	Fermeture de l'écran de protection	....	Desserrage de la pièce

Protocole d'utilisation d'une thermoplieuse		....	Pliage au bon angle
....	Maintien en position de la pièce	....	Contrôle de la pièce
....	S'attacher les cheveux	....	Mise en position de la pièce
....	Réglage du temps de chauffe	....	Refroidissement de la pièce

3 **Dans les tableaux précédents, souligne en rouge les consignes de sécurité.**

4 **Entoure les noms des outils et souligne les noms des machines.**

Une visseuse

Une imprimante 3D

Un marteau

Une perceuse à colonne

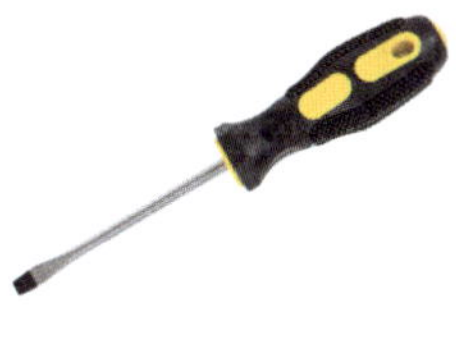

Un tournevis

5 **Consulte l'exploration 39 et indique les étapes, les machines et les outils nécessaires pour réaliser l'arceau du dragster.**

Étape 1 ....
Machine : ....
Outil : ....

Étape 2 ....
Machine : ....
Outil : ....

Étape 3 ....
Machine : ....
Outil : ....

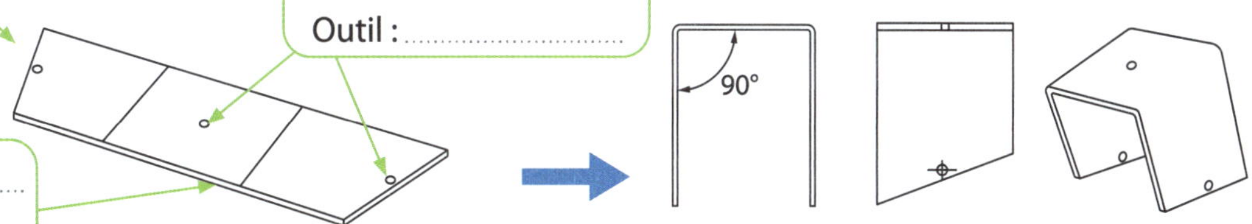

Je sais ce qu'est un procédé.

Je sais ce qu'est un protocole.

Je sais lire un planning.

Je sais choisir un un outil ou une machine.

➜ Choisir ou utiliser le matériel adapté pour mener une observation, effectuer une mesure, réaliser une expérience ou une production [D2]

Je retiens

- **Complète le texte suivant.**

Pour réaliser un objet technique, il faut choisir les .... les plus adaptés selon les matériaux choisis et la forme à obtenir. Il faut planifier les ...., et suivre les .... d'utilisation des .... et des outils en respectant les consignes de ....

Le mot de l'activité

- **Choisis ton mot de l'activité dans le Mini-dico et recopie sa définition :**

....

....

....

TEST FLASH

Réponds au test de l'exploration 39.

1 : .... 2 : ....
3 : .... 4 : ....

ACTIVITÉ

40 Contrôler un prototype

➜ Maquette, prototype.
Vérification et contrôles (dimensions, fonctionnement)

exploration 40
hachette-clic.fr/22st6040

Une fois la réalisation organisée, les matériaux choisis, les élèves s'attellent à la réalisation du prototype du mini-dragster.

Comment contrôler le prototype et vérifier qu'il est conforme à la demande ?

- **Relie ces expressions à leur description.**

Un cahier des charges •	• permet de voir à quoi va ressembler l'objet technique, se réalise facilement et ne coûte pas cher.
Un prototype •	• est le premier exemplaire « réel » de l'objet, sur lequel seront faits les contrôles et les dernières corrections.
Une maquette •	• liste toutes les contraintes à respecter.

J'explore

1 **Cherche dans l'exploration 40** les outils les plus appropriés **pour contrôler des dimensions et complète le schéma ci-dessous avec les outils suivants :** *mètre à ruban, pied à coulisse* (× 2), *décamètre, règle, rapporteur d'angle, odomètre*.

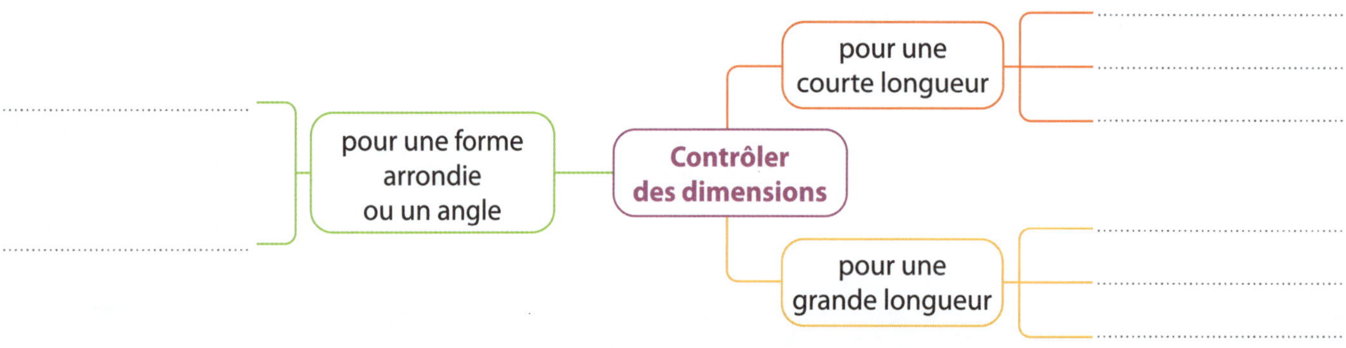

2 Utilise les informations de **l'exploration 40** pour calculer les cotes minimale et maximale de l'axe de roue avant du mini-dragster.

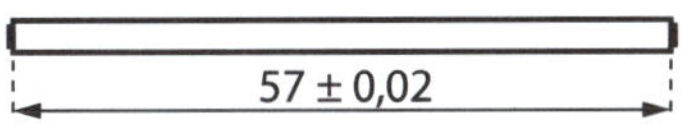

Cote minimale : ....

Cote maximale : ....

3 Regarde les schémas des pièces A, B et C du dragster dans **l'exploration 40** et indique si les pièces sont bonnes ou mauvaises, en justifiant ta réponse.

Pièce à contrôler		Résultat du contrôle et solution si besoin
	**Pièce A :** longueur à vérifier avec un gabarit	
	**Pièce B :** longueur de 92 +/– 2 mm à vérifier au réglet	
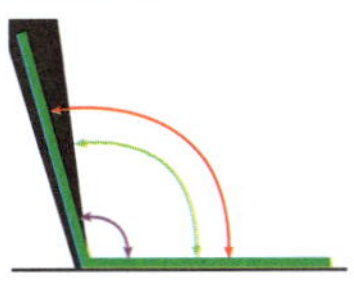	**Pièce C :** angle de pliage à vérifier avec un gabarit	

Je connais les outils permettant de mesurer une longueur, courte ou longue, ou une forme arrondie.

Je sais ce qu'est une cote.

Je sais comment contrôler la pièce d'un objet technique avec un gabarit.

Je connais le fonctionnement de divers outils de mesure.

Je sais ce qu'est la tolérance (d'une dimension).

➜ Choisir ou utiliser le matériel adapté pour mener une observation, effectuer une mesure, réaliser une expérience ou une production [D2]

Je retiens

- **Complète le texte avec les mots suivants :** *prototype, maquette, numérique, contrôle, tests, réelle, conforme.*

La .... est un objet d'étude à petite échelle, elle respecte les détails et proportions de l'objet. Elle peut être .... (carton, bois…) ou .... (en 3D).

Le .... est le premier exemplaire d'un d'objet technique. Il permet de faire des .... afin de valider les choix de conception.

Le .... des dimensions des pièces permet de vérifier que l'objet technique fabriqué est .... aux plans.

Le mot de l'activité

- Choisis ton mot de l'activité dans le **Mini-dico** et recopie sa définition :

....

....

....

TEST FLASH

Réponds au test de **l'exploration 40**.

1 : .... 2 : ....

3 : .... 4 : ....

ACTIVITÉ 41

Mon espace de travail

➜ Apprendre à connaître l'organisation d'un environnement numérique

exploration 41
hachette-clic.fr/22st6041

Les nouveaux élèves de 6e ont reçu leur identifiant et leur mot de passe pour accéder à l'espace numérique de travail (ENT) du collège. Seulement, comme ils viennent d'arriver, ils ne connaissent rien du fonctionnement d'un ENT.

De quoi est composé un environnement informatique et comment fonctionne un ENT ?

- **Observe l'image ci-dessus et note les éléments que tu reconnais.**

....

....

J'explore

1 **Navigue dans l'exploration 41. Ci-dessous, mets :**
- **une flèche vers l'unité centrale pour les périphériques d'entrée ;**
- **une flèche depuis l'unité centrale pour les périphériques de sortie ;**
- **une double flèche pour les périphériques qui sont à la fois d'entrée et de sortie.**

Écran/moniteur

Clavier

Unité centrale

Webcam

Clé USB

Scanner

Souris

box ADSL

Enceintes

Imprimante

2 À l'aide de **l'exploration 41**, associe chaque périphérique à sa fonction.

Souris •	• Restituer un son
Imprimante •	• Diriger le pointeur
Clavier •	• Stocker des données
Enceintes •	• Imprimer un document
Moniteur/Écran •	• Saisir des données
Disque dur •	• Filmer les utilisateurs ou l'environnement
Scanner •	• Échanger des informations entre l'ordinateur et Internet
Webcam •	• Afficher des images
Box •	• Numériser des documents

3 Navigue dans **l'exploration 41** et complète le schéma suivant en indiquant les services disponibles pour les élèves au sein de l'ENT.

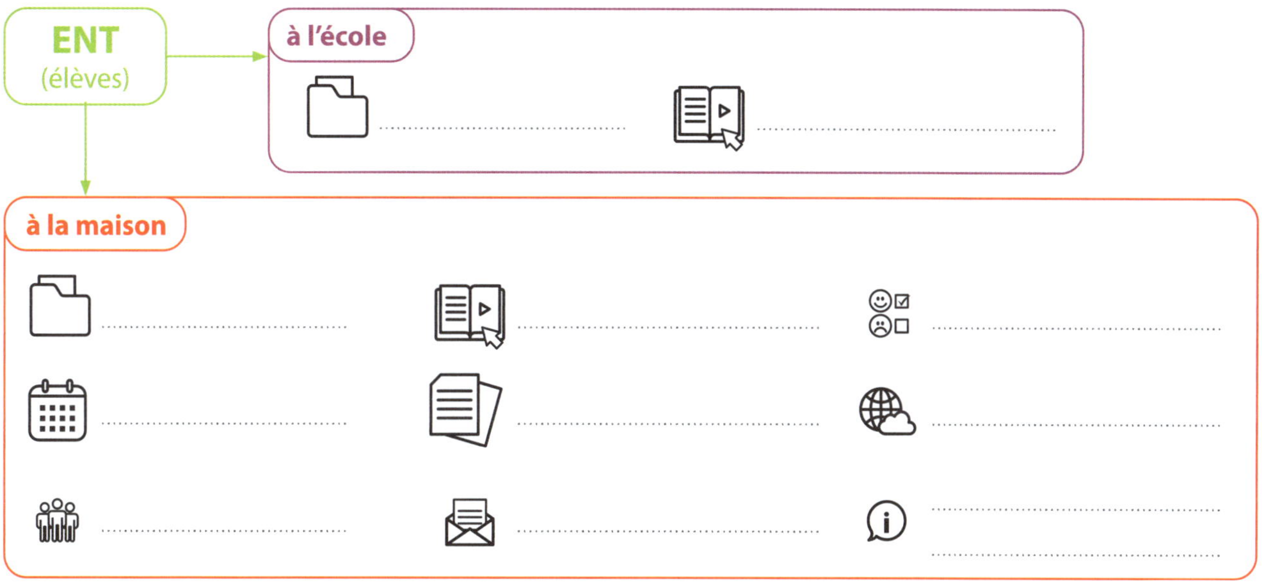

Je suis capable de classer un périphérique suivant le sens de circulation des informations avec l'unité centrale.

Je peux associer un périphérique à sa fonction.

Je comprends le fonctionnement d'un environnement numérique de travail.

➡ Repérer et comprendre la communication et la gestion de l'information [D5]

Je retiens

- **Complète le texte suivant.**

Un ordinateur se compose d'une .... et de .... Tous les périphériques sont reliés à l'unité centrale. Un .... au collège regroupe l'ensemble des outils .... nécessaires aux élèves, aux parents et aux enseignants.

Le mot de l'activité

- **Choisis ton mot de l'activité dans le Mini-dico et recopie sa définition :**

....

....

....

TEST FLASH

Réponds au test de **l'exploration 41**.

1 : .... 2 : ....

3 : .... 4 : ....

ACTIVITÉ

42 Stockage de données et programmation

➜ Le stockage des données, notions d'algorithmes, les objets programmables

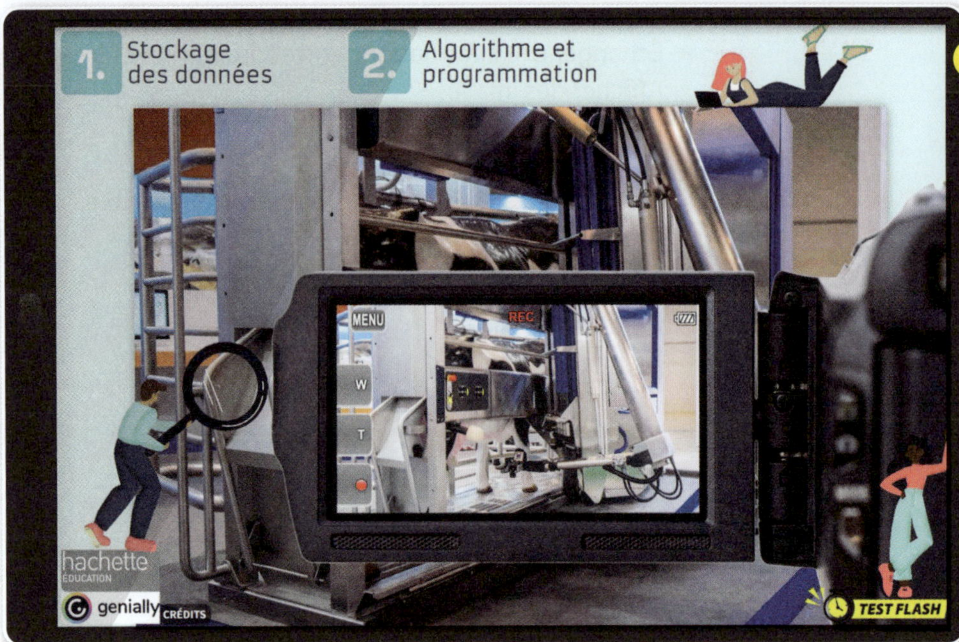

exploration 42

hachette-clic.fr/22st6042

Dans une ferme, trois élèves ont observé la traite des vaches effectuée grâce à un robot. Photos, films, questions à l'éleveur sur la programmation du robot : ils veulent tout rassembler dans un espace de stockage accessible depuis les ordinateurs du collège et de leur domicile.

Comment stocker et partager des informations numériques ? Comment programmer un objet ?

- **Selon toi, lors de la visite, quel(s) appareil(s) numérique(s) se trouve(nt) à la disposition des élèves ?**

....

Où peuvent-ils stocker des informations sous forme numérique ?

....

J'explore

1 **En naviguant dans l'exploration 42, réponds aux questions suivantes.**

- **Cite quelques périphériques de stockage.**

....

- **Quelles sont les caractéristiques qui différencient les périphériques de stockage ?**

....

- **Quels sont les avantages et les inconvénients du stockage en ligne ?**

....

....

....

....

- **Comment les trois élèves pourront-ils stocker et transmettre les données récupérées lors de la visite ?**

....

2 En t'aidant de **l'exploration 42**, écris l'algorithme permettant au véhicule de suivre le trajet rouge.

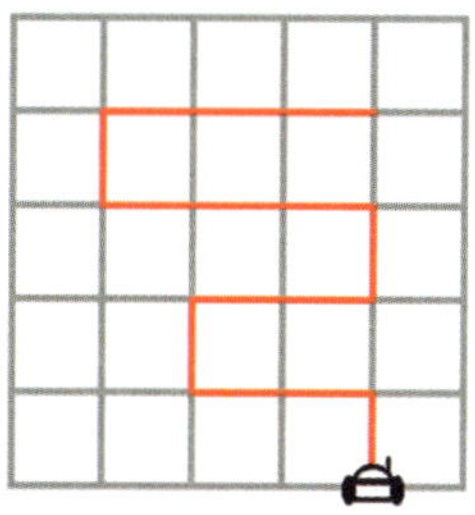

(l'unité pour avancer est le carreau)

....

....

....

....

....

....

....

....

Ceci est un algorithme.

3 En t'aidant de **l'exploration 42**, dessine le trajet que fait le robot quand on exécute le programme.

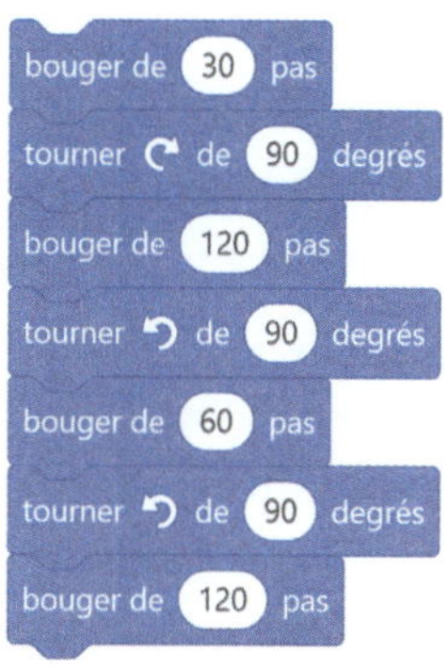

Ceci est un programme.

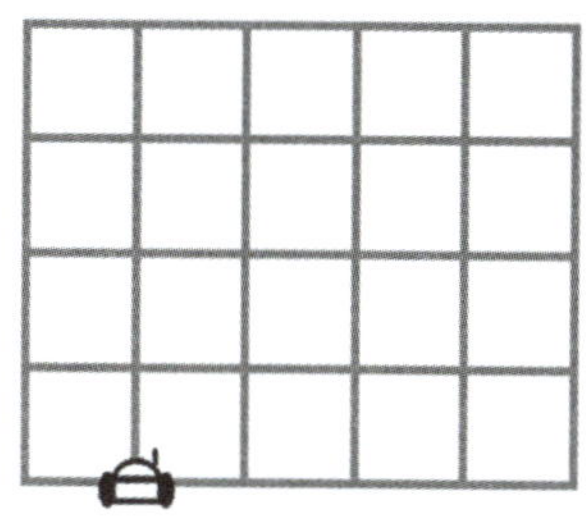

(un carreau correspond à 30 pas)

4 En t'aidant de **l'exploration 42** et en utilisant un logiciel de programmation (Scratch, mBlock), programme l'algorithme de la question 2.

Je sais écrire un algorithme (suite d'instructions permettant de commander une action).

Je sais lire un programme.

Je sais utiliser un logiciel de programmation.

➡ Utiliser un outil numérique pour communiquer et traiter des données [D2]

Je retiens

- **Complète le texte suivant.**

Au quotidien, nous utilisons des appareils de .... pour conserver des données. Les robots ne sont pas capables d'agir seuls. Pour effectuer une action, ils ont besoin qu'on leur dise quoi faire : c'est la .... La suite d'.................... donnée est appelée un ....

Le mot de l'activité

- **Choisis ton mot de l'activité dans le Mini-dico et recopie sa définition :**

....

....

....

TEST FLASH

Réponds au test de **l'exploration 42**.

1 : .... 2 : ....

3 : .... 4 : ....

ACTIVITÉ

43 Réseau informatique et logiciels : des outils de travail

➜ Usage des moyens numériques dans un réseau
Usage de logiciels usuels

exploration 43
hachette-clic.fr/22st6043

Alex, Lou et Kira doivent faire une recherche documentaire pour un exposé sur les dangers de l'usage intensif des écrans. Le document à rendre devra être sous forme de diaporama numérique à envoyer au professeur et le plan de leur exposé devra être rendu sous forme papier. Pour travailler ensemble et partager le travail, les élèves doivent utiliser le réseau du collège.

Comment se servir du réseau du collège et des outils logiciels pour préparer l'exposé ?

- **Complète le texte avec les mots suivants :** *communiquer, messagerie, identifiant, mot de passe, connecter.*

Pour accéder au réseau du collège les élèves doivent se .... avec leur .... et leur ....

Grâce à la .... les élèves peuvent .... avec les enseignants et échanger des informations.

J'explore

1 **Cherche dans l'exploration 43 quels sont les principaux dangers des usages intensifs des écrans et écris-les ci-dessous.**

....

2 **Cherche dans l'exploration 43 des informations sur le réseau du collège et complète le schéma de la page suivante.**
- **Note le nom des trois élèves en face de leur ordinateur ;**
- **Entoure en :**
  - bleu l'élément du réseau qui leur permet d'accéder à Internet ;
  - vert ce qui leur permet de stocker leur travail ;
  - rouge ce qui leur permet d'imprimer leur exposé.

3 **Cherche dans l'exploration 43 les logiciels utiles pour l'exposé et note leurs noms.**

Un logiciel de traitement de texte : ....

Un logiciel pour réaliser des tableaux : ....

Un logiciel de présentation pour créer un diaporama : ....

Un navigateur pour afficher des pages web : ....

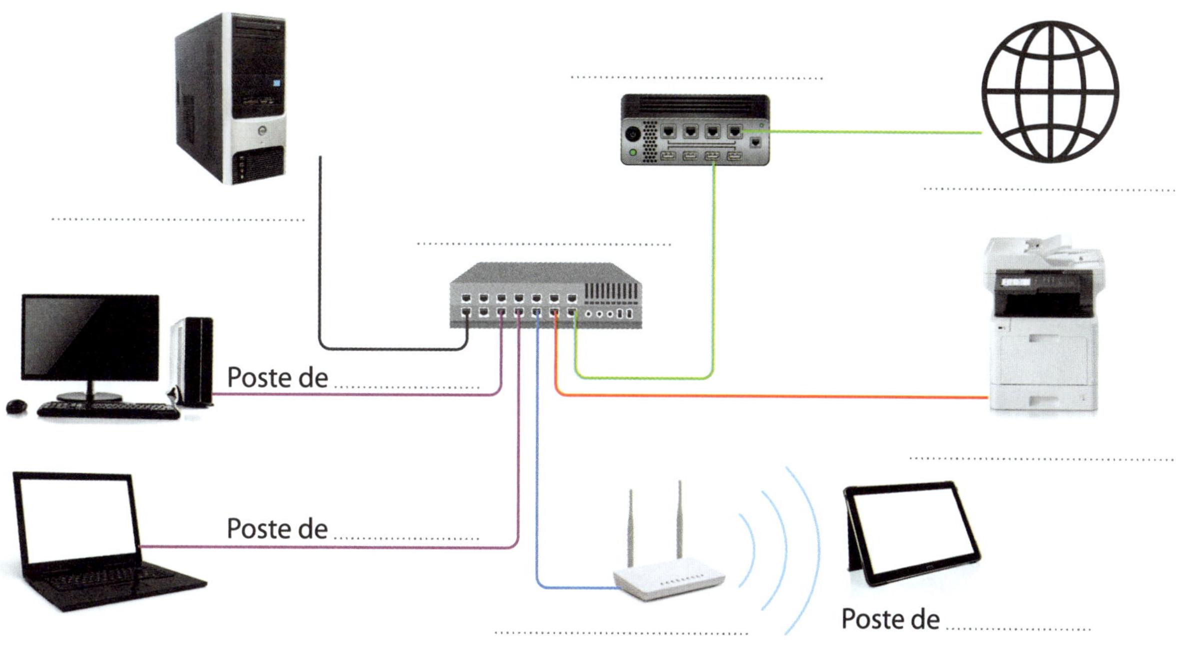

Je sais comment est organisé le réseau d'un collège.

Je sais à quoi servent les logiciels usuels utilisés en technologie.

➜ Repérer et comprendre la gestion de l'information

Je retiens

- **Complète le texte suivant.**

Pour préparer leur exposé, Alex, Lou et Kira peuvent se connecter au .... du collège pour accéder à Internet grâce au ....
Pour stocker les informations collectées et préparer leur brouillon, ils peuvent utiliser l'... disponible sur le serveur du réseau.
Une fois le brouillon rédigé, ils saisissent leurs textes avec un ....
S'ils doivent faire un tableau, ils utilisent un ....
Pour présenter leur travail sous forme de diaporama, ils utilisent un ....
Leur exposé présentera les dangers de l'usage intensif des écrans : ....
....

Le mot de l'activité

- **Choisis ton mot de l'activité dans le Mini-dico et recopie sa définition :**

....
....
....

TEST FLASH

Réponds au test de **l'exploration 43**.

1 : .... 2 : ....
3 : .... 4 : ....

ACTIVITÉ

44 La Terre dans le Système solaire

➡ Situer la Terre dans le Système solaire

exploration 44

hachette-clic.fr/22st6044

Des enfants sont dans un vaisseau spatial perdu dans l'Univers.
Aide-les à localiser la planète Terre dans l'immensité de l'Univers !

Où est située notre planète Terre dans l'Univers ?

- **Utilise tes connaissances pour relier les astres à leur nature.**

Soleil •	• Une planète
Terre •	• Une étoile
Mars •	• Une constellation
Lune •	• Un satellite

J'explore

1 Propose ton hypothèse pour répondre à la question.

....

....

....

Je commence ma phrase par « Je pense que… », « Je suppose que… », « À mon avis… ».

Je complète la phrase avec ma réponse à la question, sans regarder les documents de l'exercice.

Je termine ma phrase avec un point car c'est une phrase affirmative.

Dans ma conclusion, je validerai ou invaliderai mon hypothèse.

Pour proposer une hypothèse pour répondre à une question

➡ Proposer une démarche pour répondre à une question de nature scientifique [D4]

2 Lance l'escape game (**exploration 44**) pour remplir le tableau ci-dessous.

Objet observé dans le ciel	Définition	Exemple
Galaxie	....	....
Système	....	....
Étoile	....	....
Planète	....	....
Satellite naturel	....	....
Astéroïde	....	....
Comète	....	....
Météorite	....	....

Le code secret 1 est : ....

Le code secret 2 est : ....

Le code secret 3 est : ....

Je retiens

- **Complète le texte suivant.**

Le .... est l'ensemble du Soleil et des astres qui gravitent autour de lui. Il fait partie de la galaxie appelée la .... Il est composé d'une .... (le ....), de .... (dont la Terre), de .... (comme la ....), et de corps rocheux plus petits (............, ...).

Mon hypothèse est : ☐ validée ☐ invalidée

Le mot de l'activité

- **Choisis ton mot de l'activité dans le Mini-dico et recopie sa définition :**

....

....

....

TEST FLASH

Réponds au test de l'exploration 44.

1 : .... 2 : ....

3 : .... 4 : ....

ACTIVITÉ

45 Les deux mouvements de la Terre

➧ Décrire les mouvements de la Terre

exploration 45
hachette-clic.fr/22st6045

La vie sur Terre est rythmée par la succession des journées et des nuits et par celle des saisons. Une alternance journée-nuit dure un jour. Un cycle des saisons dure un an.

Avant de commencer...

- **Complète les phrases suivantes.**

La Terre tourne sur elle-même en un jour, soit .... heures.
La Terre tourne autour du Soleil en un an soit .... jours.
En hiver, les journées sont .... longues que les nuits.
En été, les journées sont .... longues que les nuits.

- **À partir de la description ci-dessus et de la méthode ci-dessous, formule deux questions scientifiques.**

....

....

1. Je recherche dans la situation décrite ce qui est étonnant ou inhabituel.
2. Je me pose une question par rapport au phénomène observé.
3. Je me pose une question dont la réponse est vérifiable par une expérience.
4. Je rédige une question commençant par « Comment », « Pourquoi » ou « Est-ce que ».

Pour formuler une question scientifique

➧ Formuler une question ou une problématique scientifique ou technologique simple [D4]

J'expérimente

1. **Pour répondre tes deux questions scientifiques, réalise l'expérience du protocole A puis celle du protocole B ou regarde les vidéos des expériences dans l'exploration 45.**

Protocole A : comprendre l'alternance journée-nuit

❶ Fais tourner la tige en la gardant verticale.

❷ Observe les trois épingles au cours de la rotation de la boule sur elle-même.

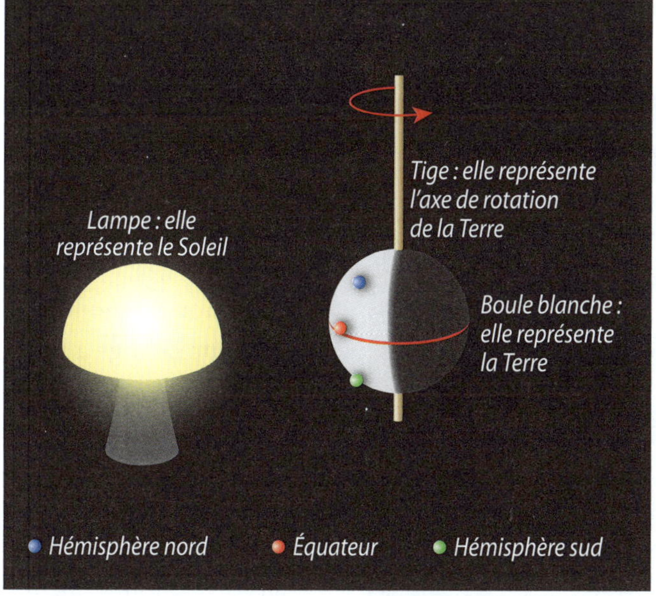

Protocole B : comprendre le cycle des saisons

❶ Déplace la boule autour de la lampe en gardant la tige verticale.

❷ Pour chaque position (A, B, C et D), fais tourner la tige pour faire tourner la boule sur elle-même.

❸ Compare la durée d'éclairage de chaque épingle.

❸ Recommence les trois étapes précédentes mais cette fois-ci en inclinant la tige.

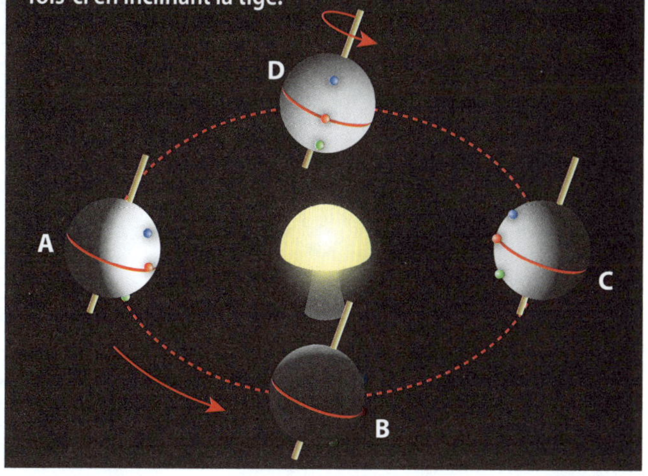

2 Note les résultats obtenus.

Protocole A

Quand la boule tourne sur elle-même, chaque épingle est alternativement éclairée puis non éclairée :

☐ vrai ☐ faux.

Protocole B

Quelle que soit la position A, B, C ou D, quand la boule fait un tour complet sur elle-même, les trois épingles sont aussi longtemps éclairées quand l'axe de rotation est :

☐ vertical ☐ incliné.

3 Interprète les résultats : relie chaque conséquence à sa (ou ses) cause(s).

Causes	Conséquences
La Terre tourne sur elle-même. •	• Alternance journée-nuit
La Terre tourne autour du Soleil. •	
L'axe de rotation de la Terre est incliné. •	• Cycle des saisons

Je retiens

- **Complète le texte suivant.**

La Terre tourne sur elle-même en 24 heures, on parle de rotation de la Terre.
Cette rotation entraîne ....
La Terre tourne autour du Soleil en 1 an, on parle de révolution de la Terre autour du Soleil.
Pendant sa révolution, la Terre garde son .... ce qui entraîne le ....

Le mot de l'activité

- **Choisis ton mot de l'activité dans le Mini-dico et recopie sa définition :**

....

....

....

TEST FLASH

Réponds au test de **l'exploration 45**.

1 : .... 2 : ....
3 : .... 4 : ....

ACTIVITÉ

46 L'évolution des connaissances sur la Terre

➧ Décrire les mouvements de la Terre (autour du Soleil, sur elle-même) et sa forme

exploration 46
hachette-clic.fr/22st6046

Notre vision du monde a beaucoup changé au fil des siècles grâce aux découvertes faites au cours du temps. Ces avancées ont permis d'aboutir à ce que nous savons et ce que nous observons aujourd'hui grâce aux moyens technologiques.

Comment les Humains ont-ils découvert la forme de la Terre et ses mouvements ?

- **Écris les définitions des mots suivants.**

Rotation : ....

....

Révolution : ....

....

- **Parmi ces trois formes, laquelle est la sphère ?**

☐ 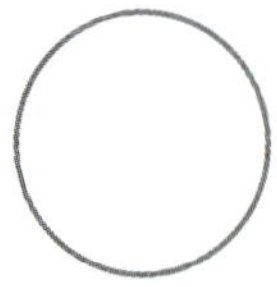   ☐    ☐ 

J'explore

1 **À l'aide de l'exploration 46, complète les trois premières lignes de la frise chronologique de la page suivante.**

J'identifie les arguments ou les expériences.

J'associe les arguments ou les expériences aux déductions faites.

Je tiens compte de l'invention d'instruments, de technologies permettant d'aller plus loin dans les connaissances.

Pour identifier par l'histoire des sciences comment se construit un savoir scientifique

➧ Replacer des évolutions scientifiques et technologiques dans un contexte historique, géographique, économique et culturel [D5]

Époque	VIe siècle av. J.-C.	IVe siècle av. J.-C.	XVIe siècle	XXe siècle
Instruments utilisés	…………	…………	…………	…………
Forme de la Terre	**Observation :** ………… **Déduction :** la Terre est …………	**Observation par** ………… : ………… **Déduction :** la Terre est …………	**Observation :** ………… **Déduction :** la Terre est …………	**Observation** ………… : ………… **Déduction :** la Terre est …………
Mouvements de la Terre	**Observation :** ………… **Déduction :** …………		**Observation par** ………… **des** ………… **Déduction :** …………	
Schéma du modèle	Modèle géocentrique		Modèle héliocentrique par …………	

2 À l'aide de **l'exploration 46** et de la frise complétée, schématise les deux modèles du système solaire dans les cadres ci-dessus.

Je retiens

- **Complète le texte suivant.**

Dans l'Antiquité, beaucoup pensaient que la Terre était ………… car …………. Aristote fût le premier à démontrer que la Terre est ………… en observant …………. Copernic a été le premier scientifique à prouver que la Terre n'est pas …………, mais que c'est la Terre qui tourne autour du …………. Aujourd'hui, grâce aux ………… et aux …………, donc par l'observation …………, nous savons que : la Terre est ………… et aplatie au niveau des pôles ; elle tourne autour du ………… en ………… an ; elle tourne sur elle-même en ………… h.

Le mot de l'activité

- **Choisis ton mot de l'activité dans le Mini-dico et recopie sa définition :**

…………

…………

…………

TEST FLASH

Réponds au test de **l'exploration 46**.

1 : ………… 2 : …………

3 : ………… 4 : …………

ACTIVITÉ

47 Histoire de la Terre et développement de la vie

➜ Caractériser les conditions de vie sur Terre (atmosphère, température, présence d'eau liquide)

exploration 47
hachette-clic.fr/22st6047

La Terre est la seule planète du Système solaire à avoir de l'eau à l'état liquide et des êtres vivants à sa surface.

Comment la vie est-elle apparue sur Terre ?

- **Coche l'hypothèse qui correspond le mieux à ton idée.**

Je pense que les premiers êtres vivants sont apparus :

☐ lors de la formation de la planète.

☐ quand l'atmosphère contenait assez d'oxygène.

☐ quelques temps après l'apparition de l'eau liquide.

J'explore

1. **Navigue dans l'exploration 47 et découvre les terrains les plus anciens présents sur Terre.**
2. **Note tes observations dans la colonne de gauche de la frise de la page suivante.**

J'observe le résultat de l'expérience ou de ma recherche documentaire.

Je présente ces observations sous une forme appropriée (tableau, graphique, schéma, dessin, ...) ou en écrivant une phrase en commençant par « J'observe ... ».

J'utilise ces observations pour expliquer le phénomène (j'interprète).

Je rédige ces explications en commençant par « J'en déduis que... ».

➜ Rendre compte des observations, expériences, hypothèses, conclusions en utilisant un vocabulaire précis [D1.1]

3 Interprète les résultats de tes observations. Rédige tes explications à droite dans la frise ci-dessous.

Frise chronologique de l'histoire de la Terre et du développement de la vie

Observations	Datation	Interprétation
J'observe	4,5 Ga	J'en déduis que ....
J'observe	3,8 Ga	J'en déduis que ....
J'observe	3,5 Ga	J'en déduis que ....
J'observe	1,75 Ga	J'en déduis que ....
J'observe	1,5 Ga	J'en déduis que ....

Rappel : 1 Ga = 1 milliard d'années = 1 000 000 000 années

Je retiens

- **Complète le texte suivant.**

La Terre s'est formée il y a .... milliards d'années.
L'eau liquide est apparue sur Terre .... que l'oxygène apparaisse dans l'atmosphère.
Les premiers êtres vivants apparus sur Terre il y a .... milliards d'années sont des
....
Elles vivent dans ...., utilisent du .... et produisent
de ....
Il y a .... milliard d'année, l'oxygène est ensuite passé de .... à ....
Les premiers êtres vivants sont donc apparus ....
après l'apparition de ....
Mon hypothèse de départ est donc : ☐ validée ☐ non validée

Le mot de l'activité

- **Choisis ton mot de l'activité dans le Mini-dico et recopie sa définition :**

....
....
....

TEST FLASH

Réponds au test de l'exploration 47.

1 : .... 2 : ....
3 : .... 4 : ....

ACTIVITÉ

48 Activité interne de la Terre : séisme et volcanisme

➧ Relier certains phénomènes naturels (volcanisme, tremblements de terre) à des risques pour les populations

exploration 48
hachette-clic.fr/22st6048

En 2021, le volcan de l'île de La Palma, aux Îles Canaries, s'est réveillé, amenant de la matière profonde de la Terre (lave) à la surface.
Une éruption volcanique est un évènement qui témoigne de l'activité interne de la Terre.

Quels sont les différents évènements témoins de l'activité interne de la Terre et quels sont les risques pour la population ?

Avant de commencer...

- **À ton avis, qu'est-ce qu'un risque ?**

Je pense que ....
....
....

J'explore

1. **Fais une recherche documentaire** dans **l'exploration 48**.

1. Je lis les documents attentivement.
2. Je note au brouillon les informations qui vont m'aider à répondre à la question.
3. J'organise (je remets dans l'ordre) au brouillon ces informations.
4. J'écris la réponse au propre.

Pour mener une recherche documentaire

➧ Extraire les informations pertinentes de documents [D2]

2 **Note les résultats de ta recherche dans le tableau.**

Évènements issus de l'activité interne de la Terre	Caractéristiques de ces évènements	Conséquences pour la population
....	....	....
....	....	....
....	....	....

Titre : ....

....

Je retiens

- **Complète le texte suivant.**

Les évènements issus de l'activité interne de la Terre sont principalement le .... et les ....

Le volcan du Piton de la Fournaise émet par des failles des coulées de ....

La fréquence de ses éruptions est .... mais les risques pour la population sont ....

Le volcan de la Montagne Pelée .... en projetant des gaz, des cendres et des roches.

Ses éruptions sont .... mais très .... pour la population.

Les .... (ou tremblements de terre) sont caractérisés par des .... violentes qui peuvent provoquer la déformation du paysage.

Les dangers de ces événements sont la .... de routes, de bâtiments, de villes. Ils peuvent .... des blessés ou des .... parmi la population.

Le mot de l'activité

- **Choisis ton mot de l'activité dans le Mini-dico et recopie sa définition :**

....

....

....

TEST FLASH

Réponds au test de **l'exploration 48**.

1 : .... 2 : ....

3 : .... 4 : ....

ACTIVITÉ

49 Activité externe de la Terre : inondations

➧ Relier certains phénomènes naturels (tempêtes, inondations) à des risques pour les populations

exploration 49
hachette-clic.fr/22st6049

La ville de Toulouse est traversée par un fleuve, la Garonne. À l'automne ou au printemps, il arrive que les promeneurs ne puissent plus marcher le long des quais car l'eau a envahi les rues voisines : le fleuve est sorti de son lit, on dit qu'il est en crue. Ce phénomène peut provoquer des inondations.

Quelles sont les causes d'une inondation et quels sont les risques pour les habitants ?

Avant de commencer...

- **Quels sont, à ton avis, les risques d'une inondation ?**

Je pense que ....

....

....

J'explore

- **À l'aide de l'exploration 49, complète le schéma des deux types d'innondation de la page suivante.**

J'identifie le phénomène et ses causes naturelles.

Je fais le lien entre le phénomène et des conséquences pour les humains (= risque).

J'identifie si les conséquences de ce phénomène sur les humains sont directes (sur lui-même) ou indirectes (sur ses activités, etc.).

Pour relier des connaissances à des questions d'environnement

➧ Relier des connaissances acquises en science et technologie à des questions de santé, de sécurité et d'environnement [D5]

Schéma des deux types d'inondation

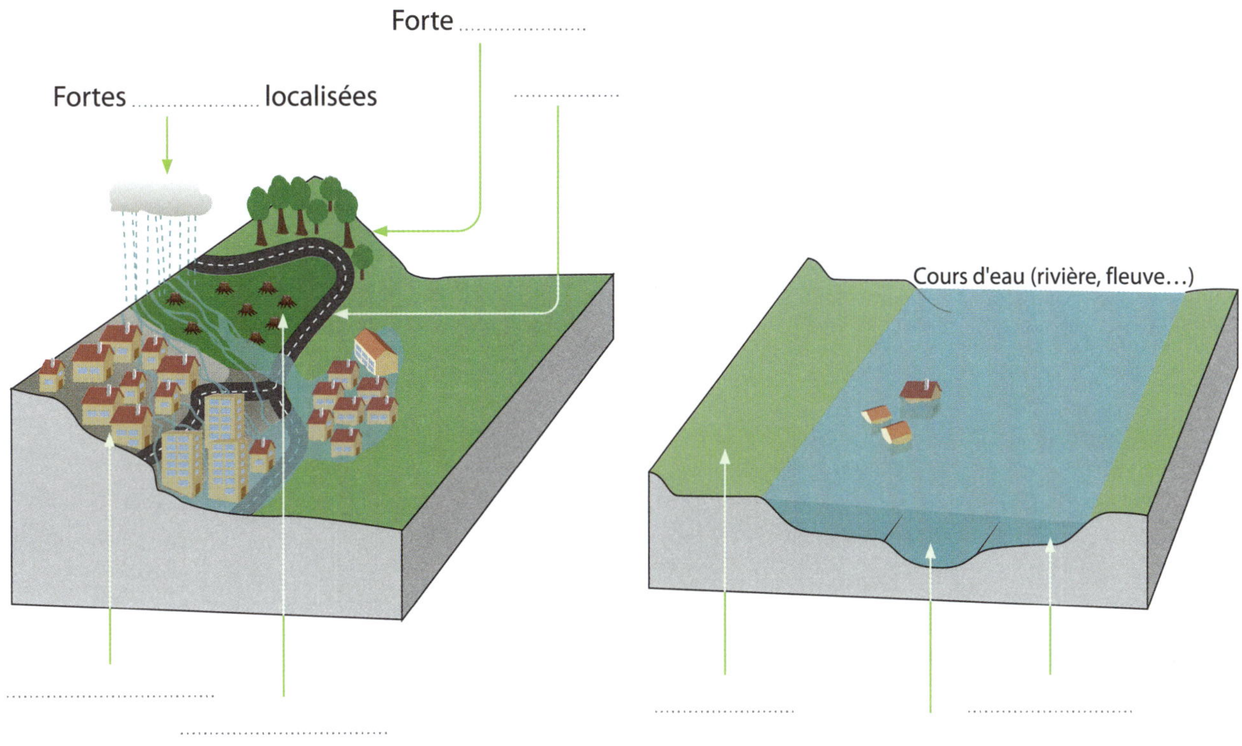

Inondation par ....

Inondation par ....

Je retiens

- **Complète le texte suivant.**

Il existe .... types d'inondations :
– l'inondation par .... : l'eau de pluie ne peut pas s'infiltrer dans les .... pour plusieurs raisons (.. , forte ...., ..., bétonisation). L'eau s'accumule.
– l'inondation par ...., aussi appelée .... : des pluies très abondantes alimentent en eau un .... ou une .... et ses affluents, la rivière déborde.
Il existe un ...., c'est-à-dire une possibilité de malchance que l'évènement arrive et menace des personnes et des biens : les conséquences peuvent être .... (noyades, destructions de maisons, etc.) ou .... (perte d'activité, isolement causé par des routes coupées, etc.).

Le mot de l'activité

- **Choisis ton mot de l'activité dans le Mini-dico et recopie sa définition :**

....

....

....

TEST FLASH

Réponds au test de **l'exploration 49**.

1 : .... 2 : ....

3 : .... 4 : ....

ACTIVITÉ

50 Formation du paysage : exemple de la rivière

➜ Identifier les composantes biologiques et géologiques d'un paysage

exploration 50
hachette-clic.fr/22st6050

Les éléments du paysage, une rivière par exemple, sont composés d'êtres vivants et d'éléments minéraux.

Comment se forme le paysage en présence d'une rivière ?

- **Entoure les images qui, d'après toi, représentent des éléments minéraux.**

- **Place les mots « amont » et « aval » sur l'image ci-dessous.**

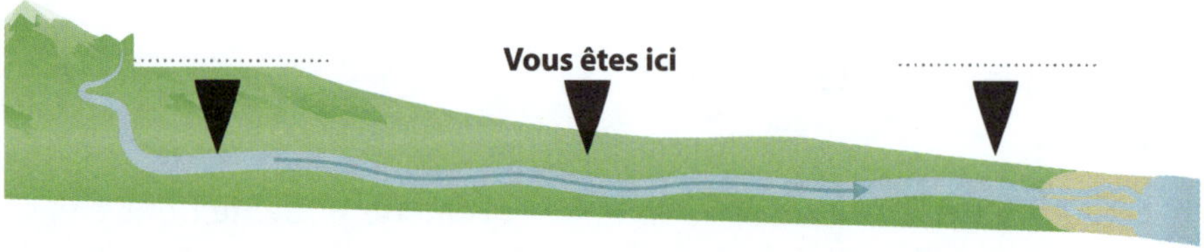

J'expérimente

1 **À l'aide de l'exploration 50 ou du matériel fourni, modélise une rivière dans les trois cas suivants :**
• la rivière a une pente forte ; • la rivière est à plat (pas d'inclinaison) ; • la rivière a une pente faible.

Matériel nécessaire

- Maquette
- Carafe d'eau
- Bocal de sable
- Bocal de graviers
- Bocal de gros cailloux

Je choisis les matériels à utiliser pour réaliser la modélisation.

J'identifie, dans le paysage réel, à quoi correspond chaque matériel utilisé dans la modélisation.

Je sélectionne le (ou les) paramètre(s) à faire varier, ici la pente.

Je ne fais varier qu'un seul paramètre par expérience.

➜ Réaliser la modélisation d'un phénomène [D2 et D4]

2 Complète le tableau suivant pour présenter les conditions et les résultats de ta modélisation.

Tableau des conditions et résultats issus de la modélisation
de la formation du paysage par la rivière en fonction de sa pente

	Modélisation	1	2	3
Avant les expériences	Pente (forte/faible/nulle)	....	....	....
	Manière de verser l'eau	....	....	....
	Le mélange gravier-sable-cailloux correspond à :	....		
	Le mélange gravier-sable-cailloux est placé :	....		
	Que regardons-nous lors la modélisation ?	....		
Dans la réalité	Localisation dans le paysage	....	....	....
	La température de l'eau est :	....	....	....
	Le taux d'oxygène de l'eau est :	....	....	....
	Les espèces de poissons vivant là sont :	....	....	....
Après les expériences : les résultats	Place des cailloux	....	....	....
	Place du gravier	....	....	....
	Place du sable	....	....	....
	Force du courant d'eau	....	....	....

Je retiens

- **Complète le texte suivant.**

La rivière forme le paysage en fonction de la .... du terrain car la force du courant d'eau en dépend : plus la .... est forte, plus le courant est .... et entraîne les matériaux lourds ....
Le .... de la rivière dépend aussi du courant de l'eau de la rivière : les êtres vivants, comme les ...., peuvent supporter ou non la présence d'un .... courant, ils sont répartis le long de la rivière en fonction de leur tolérance à ce paramètre et à ses conséquences. En effet, plus le courant d'eau est fort, plus la température est .... et la présence d'oxygène .... : cela influence les espèces présentes.

Le mot de l'activité

- **Choisis ton mot de l'activité dans le Mini-dico et recopie sa définition :**

....

....

....

TEST FLASH

Réponds au test de **l'exploration 50**.

1 : .... 2 : ....

3 : .... 4 : ....

Écosystème et biodiversité

➜ Relier le peuplement d'un milieu et les conditions de vie

exploration 51
hachette-clic.fr/22st6051

Nous avons vu que notre environnement proche est composé d'êtres vivants et d'éléments non vivants. Or, au Kenya, en Afrique, l'environnement est très différent du nôtre : les êtres vivants ne sont pas les mêmes et les conditions physico-chimiques (température, humidité, intensité de la lumière, etc.) non plus.

Pourquoi ne retrouvons-nous pas dans notre environnement, à l'état sauvage, des êtres vivants similaires à ceux vivants au Kenya ?

- **Replace les êtres vivants et les conditions physico-chimiques dans le bon environnement en complétant cette carte mentale avec les mots suivants :** *lion, renard européen, merle, carpe, girafe, souimanga du Kenya, chêne, baobab, température 25 °C, température 35 °C, humidité 50 %, humidité 10 %, intensité lumineuse 125 lux, intensité lumineuse 500 lux.*

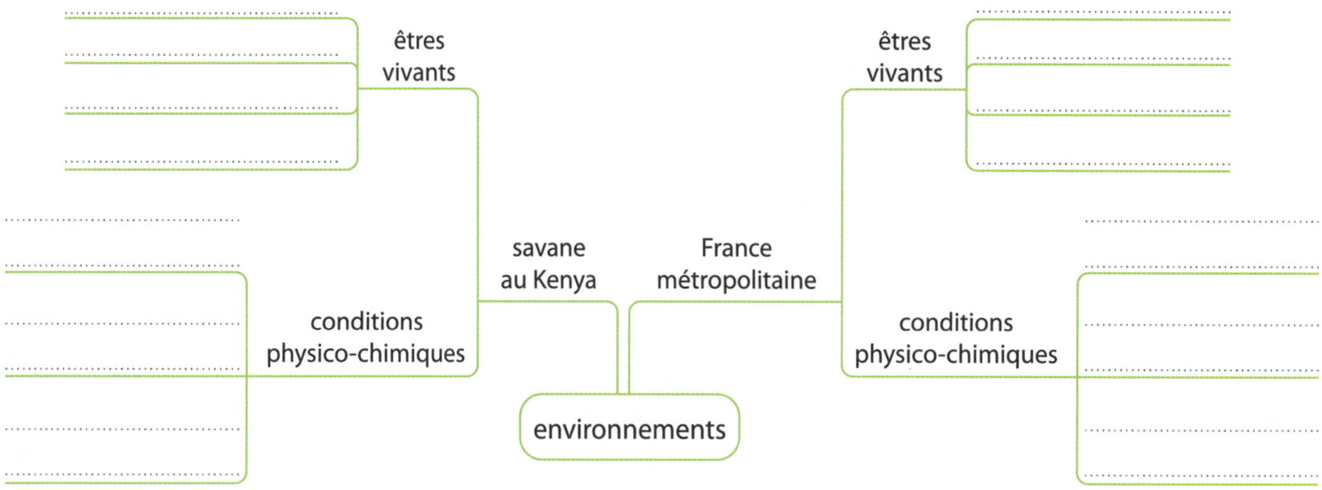

Humidité : teneur en eau d'un sol, de l'atmosphère.

J'explore

1 Cherche dans **l'exploration 51** et utilise la clé de détermination pour trouver le nom des arbres présentés. Écris leurs noms sous les feuilles ci-dessous.

1. .... 2. .... 3. .... 4. ....

Je commence ma lecture par l'élément à la base de toutes les flèches, à gauche de la page.

Je ne saute pas d'étape.

À chaque étape, je choisis la flèche correspondant au caractère que j'observe sur mon échantillon.

Quand j'ai terminé toutes les étapes, le nom correspond à celui de mon échantillon.

➜ Extraire les informations des documents [D2]

2 Navigue dans **l'exploration 51**. Coche dans le tableau l'état des paramètres qui empêchent le chêne de survivre au Kenya.

	Température	Humidité	Intensité de la lumière
Trop faible			
Trop importante			

3 Navigue dans **l'exploration 51**. Explique pourquoi le renard européen ne peut pas vivre au Kenya.

....

....

Je retiens

- **Complète le texte suivant.**

L'ensemble des êtres vivants d'un environnement (animaux, végétaux, champignons, bactéries), c'est la .... de cet environnement.
Les êtres vivants entretiennent des relations les uns avec les autres, pour .... ou pour .... Ils utilisent aussi les .... pour subvenir à leurs besoins : le chêne utilise l'eau présente dans la terre et le .... utilise le sol pour creuser un terrier. Les êtres vivants interagissent entre eux et avec les éléments non vivants : ces interactions définissent ce qu'on appelle l'.. .

Le mot de l'activité

- **Choisis ton mot de l'activité dans le Mini-dico et recopie sa définition :**

....

....

....

TEST FLASH

Réponds au test de **l'exploration 51**.

1 : .... 2 : ....

3 : .... 4 : ....

ACTIVITÉ

52 Le peuplement du milieu au cours du temps

➜ Identifier les changements des peuplements de la Terre au cours du temps

exploration 52
hachette-clic.fr/22st6052

Deux écosystèmes identiques à deux endroits distincts du globe peuvent être très différents : une mare en France et au Kenya par exemple. Un même écosystème peut également varier selon l'époque de l'année : une mare dans le sud de la France en été et en hiver.

Pourquoi le peuplement du milieu n'est-il pas le même en été et en hiver ?

- **D'après toi, que deviennent le renard, les fourmis, le hérisson, l'hirondelle, le chêne et les herbes de la prairie en hiver ?**

....

....

....

J'explore

1. **Navigue dans l'exploration 52. Dans le cadre ci-contre, trace le graphique correspondant au nombre d'espèces d'êtres vivants observées dans l'environnement étudié au cours d'une année.**

2. **À l'aide de l'exploration 52, décris l'évolution de la température moyenne au cours de l'année dans l'environnement étudié.**

....

....

....

L'axe des ordonnées (vertical) correspond à la variable mesurée et l'axe des abscisses (horizontal) à la grandeur connue.

Sur chaque axe, je fais correspondre un carreau à une valeur fixe.

Je place chaque donnée sur le graphique (croix) et je relie chaque donnée à la suivante par un trait tracé à la règle.

Je donne un titre à mon graphique.

➜ Utiliser différents modes de représentation formalisés [D1.3]

Titre : ……

3 **Navigue dans l'exploration 52 et complète le texte suivant pour conclure sur l'effet de la variation de la température sur les êtres vivants du milieu étudié.**

Quand il fait trop froid, certains êtres vivants …… vers des pays plus chauds comme …… ; certains …… (c'est-à-dire que leur fourrure s'épaissit et qu' ils adaptent leur alimentation), comme le …… ; d'autres …… (c'est-à-dire qu'ils dorment durant toute cette saison), comme le …… et les …… ; d'autres perdent leurs …… pour éviter la ……, comme le …… ; d'autres ……, mais leur descendance survit dans le sol sous forme de …… ou de bulbes, comme les …… .

Je retiens

- **Complète le texte suivant.**

Au cours des saisons, les paramètres physiques de l'écosystème varient : dans notre exemple, la …… est plus …… en …… qu'en hiver. Les êtres vivants sont sensibles aux changements de la température. Quand la température diminue, les êtres vivants ont différents comportements : ……, ……, ……, perte des ……, survie de la …… .

Le mot de l'activité

- **Choisis ton mot de l'activité dans le Mini-dico et recopie sa définition :**

……

……

……

TEST FLASH

Réponds au test de **l'exploration 52**.

1 : …… 2 : ……

3 : …… 4 : ……

ACTIVITÉ

53 Impacts des activités humaines sur l'environnement

➜ Identifier quelques impacts humains dans un environnement

exploration 53
hachette-clic.fr/22st6053

Dans l'environnement, tous les êtres vivants, y compris les êtres humains, interagissent entre eux et avec leur milieu physico-chimique. Ainsi, le type d'agriculture ou même la construction d'une maison peuvent avoir des conséquences sur l'environnement.

Quels sont les impacts de l'espèce humaine sur l'environnement ?

Avant de commencer...

- **Propose ton hypothèse pour répondre à cette question.**

....

....

....

....

J'explore

- **Navigue dans l'exploration 53 pour compléter le tableau ci-contre.**

J'identifie l'interaction de l'espèce humaine avec les autres espèces et/ou le milieu physico-chimique.

Je comprends comment l'action humaine modifie ces interactions.

Je qualifie ces interactions : négatives ou positives pour l'environnement.

Pour relier des connaissances acquises à des questions d'environnement

➜ Adopter un comportement éthique et responsable [D3-5]

Action de l'espèce humaine	Interactions avec les autres êtres vivants	Interactions avec le milieu physico-chimique	Impact sur l'environnement
			☐ Positif ☐ Négatif
			☐ Positif ☐ Négatif
			☐ Positif ☐ Négatif
			☐ Positif ☐ Négatif
			☐ Positif ☐ Négatif
			☐ Positif ☐ Négatif
			☐ Positif ☐ Négatif

Je retiens

- **Complète le schéma suivant en indiquant par des + ou des – l'impact de l'activité humaine sur l'environnement.**

Schéma des impacts positifs ⊕ et négatifs ⊖ de l'action humaine sur l'environnement

Le mot de l'activité

- **Choisis ton mot de l'activité dans le Mini-dico et recopie sa définition :**

....

....

....

TEST FLASH

Réponds au test de **l'exploration 53**.

1 : .... 2 : ....

3 : .... 4 : ....

ACTIVITÉ 54

L'exploitation des ressources naturelles et ses impacts

➜ Relier les besoins de l'être humain, l'exploitation des ressources naturelles et les impacts à prévoir et gérer

exploration 54
hachette-clic.fr/22st6054

Beaucoup d'humains vivent dans des maisons ou des appartements, se déplacent avec des voitures, utilisent de l'énergie pour chauffer leur lieu de vie ou faire fonctionner des appareils pour leur vie quotidienne.

D'où proviennent les ressources naturelles dont nous avons besoin ? Quelles sont les conséquences de leur exploitation ?

- **Utilise tes connaissances pour répondre aux questions suivantes.**

– Quels sont les matériaux constituant les maisons ?

....

– Grâce à quoi pouvons-nous chauffer nos maisons et faire rouler nos voitures ?

....

J'explore

1 **À l'aide de l'exploration 54**, construis un tableau **présentant les différentes ressources exploitées par les humains et les conséquences sur l'environnement de leur utilisation.**

J'analyse bien la consigne pour trouver le titre des lignes et celui des colonnes du tableau.

J'écris les titres des lignes et des colonnes sur le brouillon.

Je trace le tableau à la règle et je complète les cases.

Je donne un titre en m'aidant des termes de la consigne : « Tableau de ... ».

➜ Utiliser différents modes de représentation formalisés [D1.3]

2 **Dans ton tableau, entoure en vert les ressources naturelles renouvelables à l'échelle humaine et souligne en orange celles qui sont limitées à l'échelle humaine.**

Titre : ……………………………………………………………………………………………………

………

Je retiens

- **Complète le texte suivant.**

Pour assurer nos besoins (……………………………………………………………………),
nous utilisons des ………………… (par exemple ………………………………) et des ………………… (par exemple ………………………………………).
L'exploitation de ces ressources a des conséquences sur l'environnement, comme la destruction ou la modification des ………… et des ……………………, ou l'augmentation de la quantité de ………… dans l'atmosphère.
Des solutions existent pour limiter les effets négatifs sur notre environnement (voir activité 13 page 30 et activité 35 page 74).

Le mot de l'activité

- **Choisis ton mot de l'activité dans le Mini-dico et recopie sa définition :**

……………………………………………………………………………………

……………………………………………………………………………………

……………………………………………………………………………………

TEST FLASH

Réponds au test de **l'exploration 54**.

1 : ………… 2 : …………

3 : ………… 4 : …………

Mini-dico

A

Activités humaines : ce que font les humains lors de leur travail, de leurs loisirs, de leur vie quotidienne

Algorithme : description d'une suite d'actions pour aboutir à un résultat

Assimilation : passage des nutriments à travers la paroi de l'intestin grêle et la paroi de vaisseaux sanguins dans le sang

Astre : tout corps céleste naturel présent dans l'espace

B

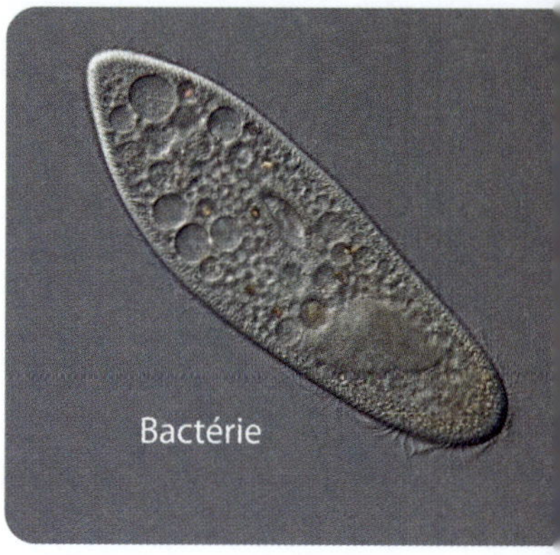
Bactérie

Bactérie : être vivant microscopique, constitué d'une seule cellule ; fait partie des microorganismes

Besoin : nécessité ou désir ressenti par une personne

Besoins des végétaux : éléments dont les végétaux ne peuvent pas se passer pour vivre (eau, dioxyde de carbone, minéraux, lumière)

Besoins énergétiques : quantité d'énergie dont a besoin un individu pour le bon fonctionnement de son organisme et la réalisation de ses activités physiques

Biodégradable : qui peut être décomposé par des êtres vivants et disparaître assez rapidement de l'environnement

Biodiversité : ensemble de tous les êtres vivants (animaux, végétaux, champignons, bactéries, etc.)

Brainstorming : technique qui permet de rechercher un maximum d'idées en équipe

C

Cahier des charges : contrat définissant le besoin à satisfaire et les contraintes à respecter

Cellule : élément commun à tous les êtres vivants (exceptés les virus), qu'ils soient pluricellulaires ou unicellulaires : c'est l'unité du vivant

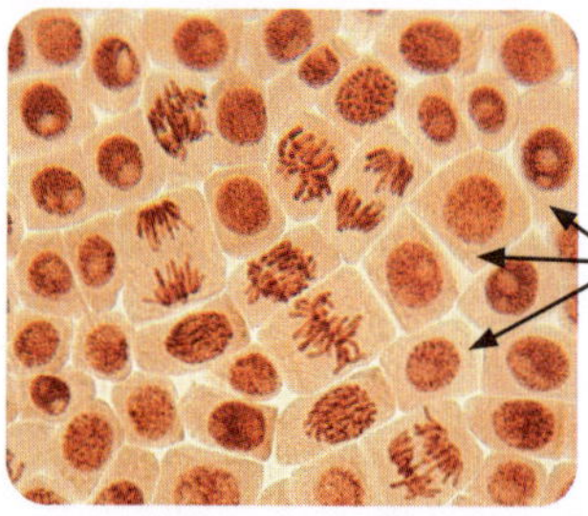

Chaîne d'énergie ensemble des actions et des composants qui permettent, à partir de l'énergie d'entrée, de faire fonctionner un objet

Changement climatique ensemble des variations du climat dues à des facteurs naturels ou humains

Circulation (sanguine) mouvement permanent du sang dans l'appareil circulatoire (vaisseaux sanguins et cœur) de notre corps

Classification représentation du regroupement des individus partageant des propriétés communes

Climat ensemble des conditions de températures, d'humidité, d'ensoleillement, de précipitations et de vitesse du vent sur une période de plusieurs mois pour une localisation précise

Composite (matériau) matériau constitué de matériaux de natures différentes, afin de combiner les propriétés

Conception (objet technique) ensemble des actions qui consistent à imaginer et à représenter un objet technique en prenant en compte le cahier des charges

Conservation des aliments mesures permettant de ralentir la décomposition des aliments pour prolonger leur période de consommation

Fumaison de divers aliments

Boîte de conserve

Contrainte obligation, attente, condition à respecter lors de la conception d'un objet technique

Contrôle (technologie) action de vérifier la conformité d'une pièce, par exemple ses dimensions

Conversion d'énergie transformation d'une énergie en une autre forme d'énergie

Cotation ensemble des cotes d'un schéma, d'un plan, permettant de définir toutes les dimensions d'une pièce

Cote nombre qui indique une dimension réelle sur un schéma ou un plan (par convention, en dessin technique, l'unité est le millimètre)

Croissance processus d'augmentation de taille et de poids chez les êtres vivants

Croquis représentation à main levée, faite rapidement, sans précision et qui a pour but de montrer une idée

Croquis

Crue élévation du niveau d'un cours d'eau ; le cours d'eau sort de son « lit »

Culture (agricole) processus de production d'espèces végétales, par exemple à des fins d'alimentation humaine

Cytoplasme partie interne de la cellule, comprise entre la membrane et le noyau

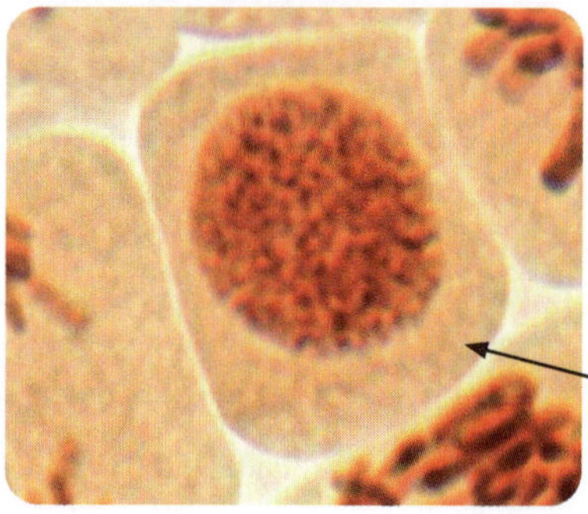

D

Décomposition de la matière organique transformation progressive de la matière constituant les êtres vivants en matière minérale dans le sol

Design discipline visant à créer des objets techniques à la fois ergonomiques et esthétiques

Digestion processus de transformation des aliments en nutriments dans le système digestif

Dioxyde de carbone substance présente à l'état gazeux dans l'atmosphère, utilisée comme nutriment par les végétaux. L'augmentation de la quantité de dioxyde de carbone dans l'atmosphère est en partie responsable du réchauffement climatique.

Dissolution dispersion d'une substance dans un liquide

Donnée numérique information transcrite sous forme de nombres et codée

E

Eau substance indispensable aux êtres vivants à l'état liquide ; elle recouvre 70 % de la planète Terre

Économie d'énergie limitation de la consommation d'énergie, amélioration des bâtiments et des objets techniques pour qu'ils consomment moins d'énergie

Écosystème ensemble des interactions des êtres vivants entre eux et avec les éléments non vivants du milieu

Mare

Mangrove

Savane

Élevage processus de regroupement et de reproduction d'une espèce animale, par exemple à des fins d'alimentation humaine

Énergie capacité d'un système à produire des actions (chauffer, fournir de la lumière, modifier le mouvement, etc.)

Énergies non renouvelables (énergies fossiles) énergies produites à partir de ressources limitées : gaz, charbon ou pétrole, extraits du sous-sol terrestre

Énergies renouvelables énergies produites à partir d'éléments naturels non épuisables (Soleil, eau, vent) ou qui peuvent se renouveler (bois par exemple)

ENT environnement numérique de travail permettant aux élèves, aux enseignants, aux parents et à l'établissement d'échanger du contenu

Environnement ensemble des éléments vivants et non vivants constituant un paysage

Environnement informatique ensemble des matériels et logiciels qui forment un poste informatique

Ergonomique qualité d'un objet dont la forme est particulièrement adaptée à son utilisation

Espèce ensemble d'individus pouvant être regroupés ensemble car ils partagent des caractères communs et peuvent se reproduire entre eux en donnant une descendance fertile

Esthétique qualité d'un objet qui est agréable à voir

Étoile corps céleste de température extrêmement élevée et qui émet sa propre lumière

Amas d'étoiles

Évolution biologique processus plus ou moins long dans le temps de changement des caractéristiques d'une espèce

Évolution technologique transformation d'une lignée d'objets techniques en fonction du contexte, de l'invention de nouveaux matériaux ou de nouveaux principes techniques, ou de l'évolution des besoins

Expérience témoin expérience identique à une autre expérience à l'exception d'un facteur : si les résultats sont différents, ce facteur en est la cause

F

Famille de matériaux ensemble de matériaux partageant une même origine ou des propriétés communes

Fécondation rencontre d’une cellule femelle et d'une cellule mâle, suivie de la fusion de ces deux cellules

Fonction d’estime ensemble des caractéristiques d'un objet liées au goût de chaque utilisateur

Fonction d'usage service rendu par un objet à l'utilisateur pour satisfaire son besoin

Fonction technique une des fonctions à réaliser par les composants de l'objet pour qu'il remplisse sa fonction d'usage

Fossile restes ou traces conservés dans une roche d'un être vivant ayant vécu dans le passé

Empreintes de trilobites fossiles dans une roche

G

Galaxie vaste ensemble d’étoiles et de matière interstellaire dont la cohésion est assurée par la gravitation

Géocentrisme théorie datant de l’Antiquité selon laquelle la planète Terre est au centre de l’Univers et tous les astres tournent autour d’elle

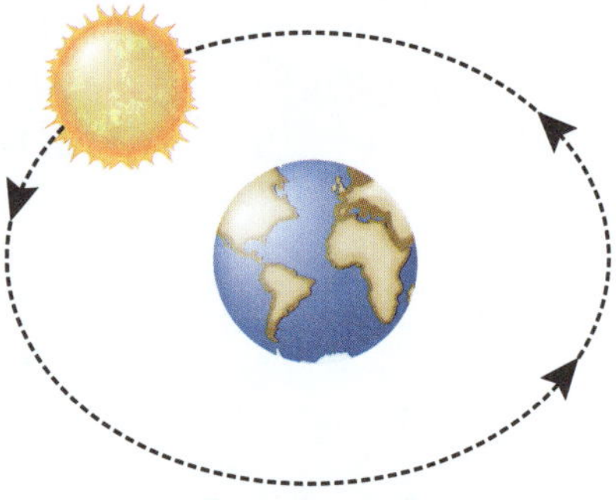

Modèle géocentrique

H

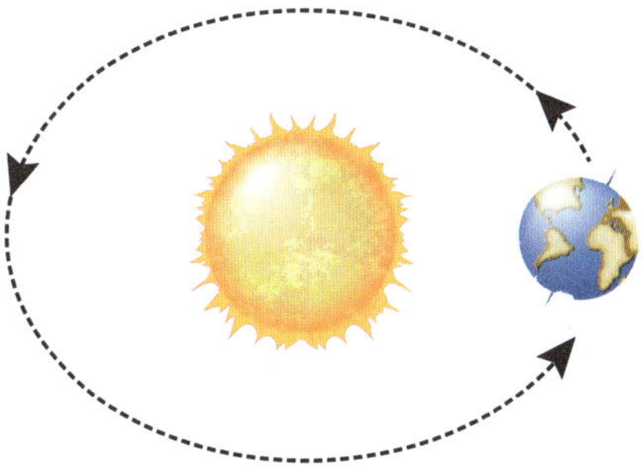
Modèle héliocentrique

Héliocentrisme théorie datant du XVIe siècle selon laquelle le Soleil est au centre de notre Système solaire et tous les astres (dont la Terre) tournent autour de lui

Hibernation processus permettant à des animaux de passer l'hiver dans un état de sommeil profond, avec une température corporelle proche de 0 °C dans certains cas

Hivernation processus permettant à des animaux de passer l'hiver à l'abri, dans un état de vigilance et avec une température corporelle qui baisse très peu

Humain(e)s êtres vivants de la classe des Mammifères et de l'ordre des Primates, dont *Homo sapiens sapiens* est la seule espèce vivante encore aujourd'hui

Hygiène alimentaire ensemble des mesures permettant d'éliminer les microorganismes pathogènes lors de la fabrication d'un produit alimentaire

I

Impact environnemental ensemble des conséquences positives ou négatives des activités et des productions humaines sur l'environnement naturel

Inclinaison (de la Terre) angle formé par l'axe de rotation de la Terre avec son plan de rotation, et qui entraîne le cycle des saisons

Innovation intégration d'une nouveauté technique ou scientifique à un objet afin de l'améliorer

Inondation accumulation d'eau en grande quantité dans une zone où l'eau ne peut pas s'infiltrer dans le sol

Invention création d'un objet ou d'un concept qui n'existait pas auparavant

Isolation thermique protection d'un bâtiment contre le froid ou la chaleur provenant de l'extérieur

J

Jour durée de la rotation de la Terre sur elle-même

Journée période pendant laquelle un point de la Terre est éclairé par le Soleil

K

Kilocalorie unité de mesure de l'énergie dépensée par un être vivant ou fournie par un aliment

L

Logiciel outil informatique constitué de programmes et dédié à une (ou plusieurs) tâche(s) précise(s)

Loupe binoculaire instrument permettant d'observer en trois dimensions de petits objets visibles à l'œil nu (les objets ne demandent pas de préparation avant l'observation)

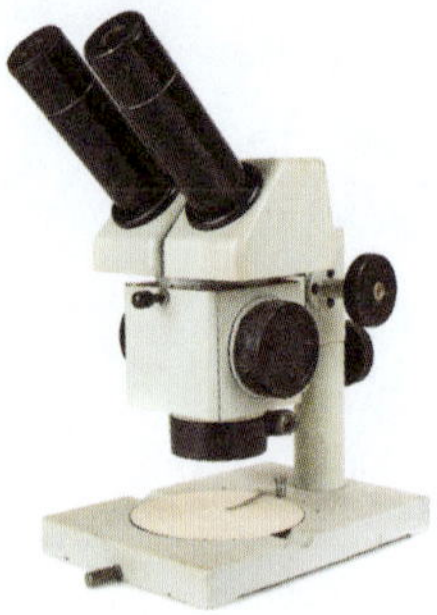

M

Maquette représentation d'un objet technique souvent réduite mais respectant ses proportions ; elle peut être réelle (en carton, en bois...) ou numérique (en 3D)

Masse (d'un échantillon de matière) grandeur liée à la quantité de matière contenue dans l'échantillon ; elle se mesure avec une balance

Matériau élément naturel ou artificiel servant à fabriquer un objet

Matière tout ce qui a une masse : les solides, les liquides et les gaz sont constitués de matière

Matière première élément extrait de la nature pour être transformé en matériau ou servir de source d'énergie

Mélange matière contenant plusieurs constituants

Membrane d'une cellule élément entourant le cytoplasme et délimitant la cellule

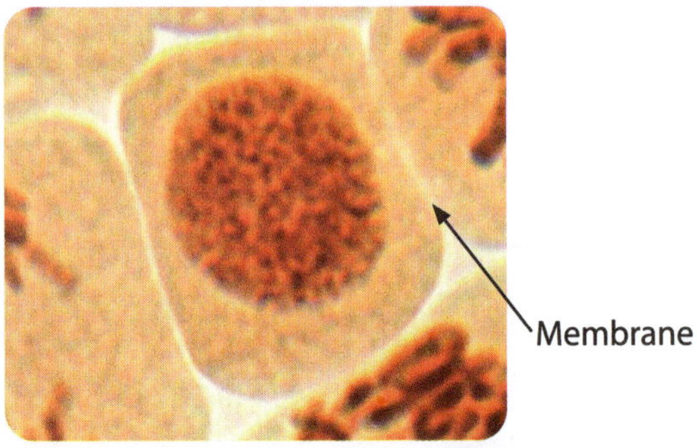

Microorganisme être vivant de taille très petite, de l'ordre du micromètre

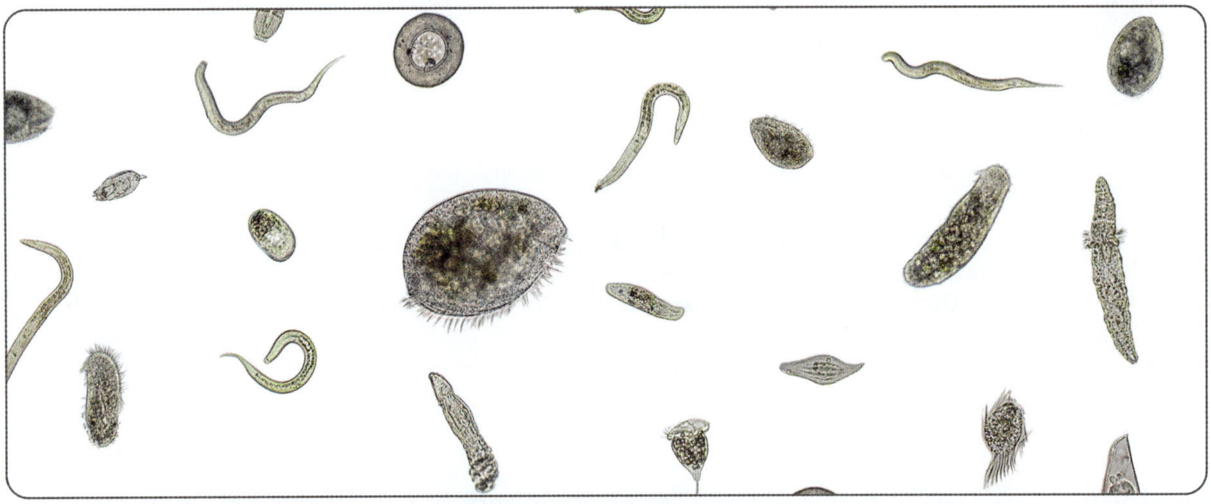

Microorganismes d'eau douce

Microscope optique instrument permettant d'observer des objets invisibles à l'œil nu (la lumière éclairant l'objet par en-dessous et le traversant, il faut que la préparation microscopique soit de faible épaisseur)

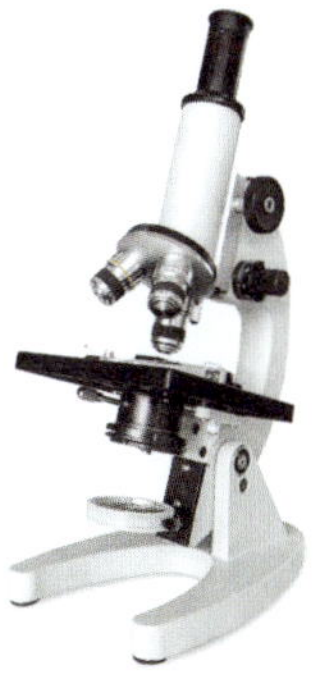

Migration saisonnière déplacement d'une région à une autre de certaines espèces animales (par exemple pour se protéger de températures trop froides)

Modeleur volumique logiciel permettant de réaliser une maquette numérique en 3D d'un objet

Modélisation (expérimentale) maquette réelle ou numérique dont chaque partie représente un élément de la réalité, et qui aide à mieux comprendre le phénomène étudié

Modélisation (numérique) réalisation sur ordinateur d'une représentation en 3D d'un objet

Mouvement changement de position d'un objet au cours du temps

Multiplication végétative processus de reproduction asexuée permettant à la plante de créer de nouveaux individus sans fécondation

N

Nourriture (pour les plantes) ensemble des éléments présents dans le sol (eau, minéraux) et dans l'atmosphère (dioxyde de carbone)

Noyau d'une cellule structure située à l'intérieur d'une cellule et contenant le matériel génétique de l'être vivant

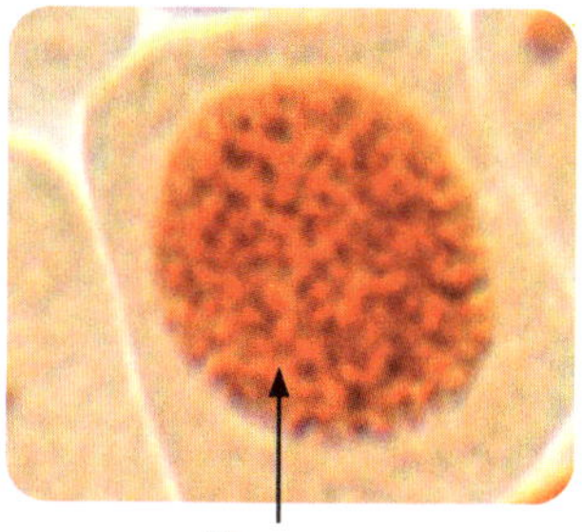

Nuit période pendant laquelle un point de la Terre n'est pas éclairé par le Soleil

O

Objet technique objet utile créé par l'être humain afin de satisfaire un besoin

Observation action de regarder attentivement une situation afin de mieux la connaître

Ordinateur ensemble constitué d'une unité centrale et de périphériques, pouvant exécuter des programmes de manière ultra rapide

Organe (technologie) élément d'un objet technique remplissant une fonction particulière

Organes et caractères sexuels secondaires organes et caractères propres soit aux femmes soit aux hommes, qui se modifient à la puberté, mais qui ne participent pas directement à la formation d'un futur enfant

Organes sexuels primaires organes permettant l'accouplement et la fécondation

P

Périphérique informatique matériel pouvant être connecté à un ordinateur pour remplir une fonction précise en échangeant des données avec lui

Planète corps céleste sphérique qui gravite (tourne) autour d'une étoile, en étant seul sur son orbite (ou parfois avec des satellites naturels)

Planning tableau qui représente la chronologie des tâches d'un projet en fonction d'un calendrier

Plante chlorophyllienne plante contenant de la chlorophylle, substance qui lui donne sa couleur verte

Polluant élément physique, chimique ou biologique qui a un impact négatif sur la planète, l'écologie et les êtres humains

Procédé méthode employée pour assembler ou façonner la matière

Programme informatique suite d'instructions destinées à être exécutées par un ordinateur

Protocole (technologie) ensemble des étapes à respecter pour utiliser une machine

Prototype premier exemplaire d'un objet technique. Il permet de faire des tests et de valider les choix de conception, avant de le fabriquer pour le vendre.

Puberté période de changements morphologiques et émotionnels permettant à un enfant de devenir un(e) adolescent(e) puis un(e) adulte apte à se reproduire

R

Réaction chimique transformation de la matière lors de laquelle des substances sont consommées et de nouvelles substances sont formées

Recyclage réutilisation des matériaux d'un objet ou d'un appareil en fin de vie pour en produire de nouveaux

Reproduction asexuée processus permettant à un seul individu de produire de nouveaux individus sans fécondation

Réseau (informatique) ensemble d'ordinateurs ou appareils mobiles connectés ensemble

Réseau trophique ensemble des relations alimentaires (chaînes alimentaires) reliant un groupe d'êtres vivants

Respiration processus vital à la majorité des êtres vivants qui permet d'apporter de l'oxygène aux organes et de rejeter du dioxyde de carbone à l'extérieur de l'organisme

Ressource (en énergie) ressource naturelle (eau, vent, gaz, pétrole, uranium, Soleil...) à partir de laquelle peut être produite de l'énergie

Révolution de la Terre mouvement de la Terre qui tourne autour du Soleil, d'une durée d'un an

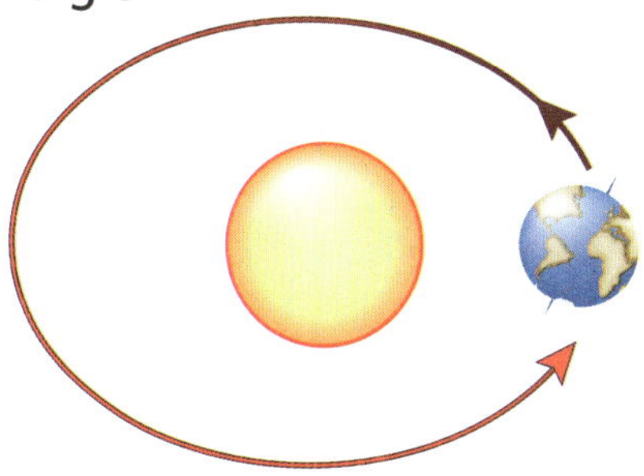

Rigidité capacité à résister à la déformation

Risque possibilité que se produise un événement causant des dégâts ou faisant des victimes

Rivière cours d'eau ayant une source, recevant l'eau d'autres cours d'eau (affluents) et se jetant dans une autre rivière ou dans un fleuve (rivière se jetant dans la mer ou l'océan)

Rotation de la Terre mouvement de la Terre qui tourne sur elle-même, d'une durée de 24 h

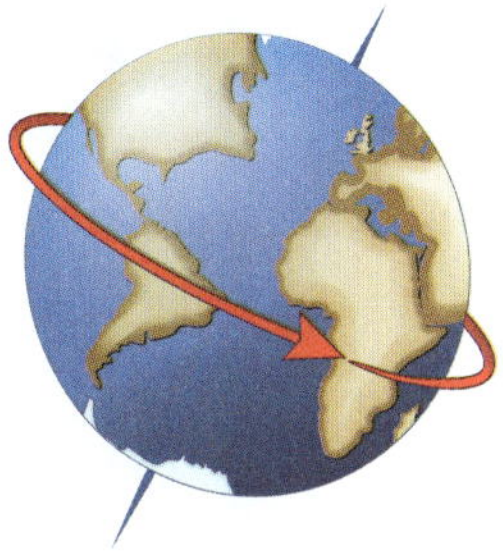

S

Saison période de l'année : hiver, printemps, été et automne pour les zones tempérées ; saison des pluies et saison sèche pour les zones tropicales

Schéma (technologie) représentation réalisée avec des symboles normalisés pour montrer le fonctionnement d'un objet technique

Séisme tremblement de terre

Signal grandeur dont les variations permettent de transmettre une information d'un émetteur vers un récepteur

Soleil étoile au centre de notre Système solaire

Soluble (dans l'eau) qui peut se dissoudre dans l'eau liquide

Solution technique composants de l'objet technique qui assurent une de ses fonctions techniques

Stades de développement périodes de vie d'un être vivant pendant lesquelles il prend du poids et grandit (exemple : le stade larvaire)

Support de stockage support permettant de conserver des données numériques (disque dur, clé USB, DVD...)

Système solaire ensemble composé du Soleil et de tous les astres gravitant autour de lui, dont 8 planètes

Représentation de notre Système solaire

T

Température grandeur physique mesurée à l'aide d'un thermomètre. L'unité usuelle de température est le degré Celsius (° C).

Terre troisième planète la plus éloignée du Soleil, recouverte à 70 % d'eau liquide à sa surface, également appelée la Planète bleue

Thermostat système assurant une température constante

Tolérance (technologie) écart accepté entre la dimension souhaitée et la dimension obtenue

U

Univers ensemble de tout ce qui existe

V

Vitesse : grandeur obtenue en divisant la distance parcourue par le temps mis à la parcourir (l'unité la plus utilisée en sciences est le mètre par seconde, m/s)

Voie lactée : nom donné à notre galaxie qui comprend notre Système solaire

Volcanisme : processus selon lequel la lave située dans les profondeurs de la Terre est expulsée à sa surface

Représentation de notre galaxie, la Voie lactée

W

Watt par heure (ou watt-heure) : unité exprimant l'énergie consommée par un appareil électrique

Crédits

Couverture : h : Walkanddream* ; b : Damsea*. **Plat 2 :** hd : reprise p. 12 ; mg : reprise p. 28 ; md : reprise p. 30 ; bg : reprise p. 68 ; bd : reprise p. 38. **Plat 3 :** hg : Chones ; mhg, mhm, mhd : Macrovector ; mbm : Andrii Melnykov ; mbg : Dmity Trush et Bruno Rodrigues B Silva ; bg : taviphoto.

Intérieur : 7b : Swetlana Wall* ; 8hg : jo Crebbin* ; 8hm : megaflopp* ; 8hd : MarcelClemens* ; 8mg : CornelPutan* ; 8mm : Thomas Holt* ; 8md : Picsfive* ; 12hg : ©NASA Goddard ; 12hd : ©NASA/JPL ; 12mh : ©NASA/JPL/Space Science Institute ; 12mb : Bjoern Wylezich* ; 12b : Bjoern Wylezich* ; 14hg, hd : Amanita Silvicora* ; 16h : Tartila* ; 16b : WinWin artlab* ; 20 : Betelejze* ; 24 : Tetsuo Buseteru* ; 25h : Karasev Viktor* ; 25hm : rawf8* ; 25m : Sergii Kovalov* ; 25bm : Valentyn Volkov* ; 25b : Tomsickova Tatyana* ; 26hg : itsflowingtothesoul* ; 26hm : Gorodenkoff* ; 26hd : Sergey Novikov* ; 26bg : Hryshchyshen Serhii* ; 26bd : Valentyn Volkov* ; 26(1), (2), (4), (5), (8) : bioraven* ; 26(3), (6), (7) : Chippo Medved* ; 28 : narai chal* ; 30hg : lucadp* ; 30bg : Zeybart* ; 30d : Pixel Embargo* ; 32h : Coolgraphic* ; 32mh : vladwel* ; 32mb : Sudowoodo* ; 32b : Quarta* ; 38hg : MID4552* ; 38hm : Jane Rix* ; 38hd : aastock* ; 38mg : Fercast* ; 38mm : TMArt* ; 38md : Pontus Edenberg* ; 38bg : Milan Zygmunt* ; 38bm : WAYHOME studio* ; 38bd : Choksawatdikorn* ; 44hg : Fabio Balbi* ; 44hm : Ivan Mateev* ; 44hd : Yurich20* ; 44mg : Katrinshine* ; 46g : kaling2100* ; 46m : stihii* ; 46d : milart* ; 46g, m, d : Yuliia Konakhovska* ; 48 : ApoGapo* ; 50fond : RussieseO* ; 50hg : ApoGapo* ; 50hd : CuteCute* ; 50mg : Rvector* ; 50mm : Sergio Sergo* ; 50md : Blan-k* ; 50bg : nobeastsofierce* ; 50mg : Kateryna Kon* ; 50bd : Happy Author* ; 52hg : Eric Isselee* ; 52hd : Surasak_Photo* ; 52m1 : Richard Griffin* ; 52m2, m4 : Quang Ho* ; 52m3 : Yganko* ; 52b : Brian Magnier* ; 58hg : Everett Collection* ; 58hd : lev radin* ; 58bg : romawka* ; 58bmg : Chipmunk131 ; 58bmd : maryp* ; 58bd : Chipmunk131* ; 60h : Production Perig* ; 60m1, m4, b3, b5 : VectorMine* ; 60m2 : Marina Akinina* ; 60m3, b1, b2, b4 : Andrii Bezvershenko* ; 62m1, m2, m3, bg1, bg2, bd2 : BlueRingMedia* ; 62bd1, bd3 : HappyPictures* ; 64 : semen semyonitch* ; 65 : Arctic Flamingo* ; 66hg : Utagawa Kunimasa IV (1848-1920), Kabuki Actors and Flying Kites, 1873 Photo © courtesy of Egenolf Gallery ; 66hm : Everett Collection* ; 66hd : libre de droit ; 66bg : ©Photo12/Alamy/Jimlop collection ; 66bm : Nana_studio* ; 66bd : Wallenrock* ; 68h : BearFotos* ; 68b : MicroOne* ; 70hg : Concept Cafe* ; 70hd : Dima Zel* ; 70b : Dotted Yeti* ; 70bd : fukume* ; 72hg : Allies Interactive* ; 72hm : olgers* ; 72hd : Tattoboo* ; 72mg : Oceloti* ; 72md : GlassQuail* ; 72bg : Amanita Silvicora* ; 72bm : RachenStocker* ; 72bd : Pedal to the Stock* ; 74 : Rawpixel.com* ; 75 : Kateryna998* ; 82fond : Everyonephoto Studio* ; 83g : kasarp studio* ; 83mg : cybrain* ; 83mm : magicoven* ; 83md : pryzmat* ; 83d : agolndr* ; 84 : Hodoimg* ; 86h : Viktorija Reuta* ; 86mg, mmg, mm, mmd, md, bmg, bm, bmd : Macrovector* ; 86bg, bd : popcic* ; 88g : Zyabich* ; 88d : infografick* ; 89 : mBlock ; 90fond1 : klyaksun* ; 90fond2 : 4zevar* ; 90bg, bm, bd : Amanita Silvicora* ; 91hg : Vereshchagin Dmitry* ; 91hm : Ulvur* ; 91hd : ridhobadal* ; 91mg : Den Rozhnovsky* ; 91mm : Iconbunny11* ; 91md : AmaPhoto* ; 91bg : heromen30* ; 91bm : Yalcin Sonat* ; 91bd : WDnet Creation* ; 92 : BNP Design Studio* ; 94g : Nerthuz* ; 94fond : Anton27* ; 94d : Fisherss* ; 96hg : Anton27* ; 96hd : M.Aurelius* ; 96m : Yeti Crab* ; 96bg : Fisherss* ; 96bd : Nasky* ; 96g : Yeti Crab* ; 98g : Ferderic B* ; 98d : Okssi* ; 100hg : Dieter Scriba* ; 100hd : elRoce* ; 100m : Dominic Dahncke* ; 100bg : T photography* ; 100bd : Kletr* ; 102hg : dominique ambroise* ; 102hd : FredP* ; 102bg : pixinoo* ; 102bd : Spech* ; 104hg : My Good Images* ; 104hd : Lotus_studio* ; 104b1 : ONGUSHI* ; 104b2 : Gabriele Rohde* ; 104b3 : Tim7914* ; 104b4 : ganjalex* ; 104b5 : Tanaphol Rattanajarusroj* ; 104b6 : Phongsak Meedaenphai* ; 104b7 : nadia_if* ; 107g : Fedorov Oleksiy* ; 107mg : Kazakov Maksim* ; 107md : garmoncheg* ; 107d : Swetlana Wall* ; 110h : Noble Nature* ; 110bg : Ivan Maesstro* ; 110bd : images72* ; 112fond1 : vulcano* ; 112fond2 : Igogosha* ; 112g, d : Amanita Silvicora* ; 114h : Lebendkulturen.de* ; 114b : Dimarion* (116h, 120m, 121b) ; 115hg : Sergio Sergo* ; 115hd : CuteCute* ; 115b : Cat_arch_angel* ; 116m : Alex Stemmers* ; 116bg : Damsea* ; 116bd : Marc Stephan* ; 117h : Syda Productions* ; 117b : ©NASA Goddard ; 118h : Abrilla* ; 118b : Designua* (119) ; 120h : Andrey Eremin* ; 120b : PRILL* ; 121h : Mizkit* ; 123h, m : Designua* ; 123b : Mihai_Andritoiu* ; 124h : ©NASA/JPL ; 124b : ©NASA/JPL ; 125 : ©NASA/JPL-Caltech ; 126fond : Firsova Kateryna* ; 126h : Jemastock* ; 126b : Sudowoodo* ; 128mhg : PrimaStockPhoto* ; 128mhm : akids.photo.graphy* ; 128mhd : OlegSam* ; 128mbg : VITALII BORKOVSKYI* ; 128mbm : conzorb* ; 128mbd,bm, bg, bd : hoomoo.

***©Shutterstock. Les photographies non créditées ont été réalisées par les auteurs ou autrices.**

Les étapes de

La démarche d'investigation est utilisée en sciences et en technologie pour résoudre un problème ou répondre à une question.

Problème

Une situation étonnante ?
Des informations contradictoires ?
Une observation qui attire l'attention ?

On se pose alors une question, qu'on appelle problème ; c'est le point de départ de la démarche d'investigation.

→ **Pour formuler un problème :**

- je recherche dans la situation décrite ce qui est curieux et surprenant ;
- je me pose une question par rapport au phénomène observé, dont la réponse est vérifiable par une expérience ou une recherche documentaire ;
- je rédige la question en commençant par « Comment », « Pourquoi » ou « Est-ce que ».

Hypothèse

L'hypothèse est une solution possible et vérifiable au problème posé.

→ **Pour formuler une hypothèse :**

- je propose des idées et respecte les idées des autres pour répondre au problème posé ;
- je rédige une phrase affirmative en commençant par « Je suppose que », « Je pense que » ou en utilisant « peut-être ».

la démarche d'investigation

Expérimentation

L'hypothèse choisie doit être testée pour être validée ou invalidée.

➜ **Pour tester mon hypothèse :**
- je réalise des expériences ;
- j'effectue des recherches documentaires.

Observation des résultats

Les résultats observés lors de l'expérience ou les informations recueillies doivent être notés de façon fidèle, précise et claire sous une forme appropriée.

➜ **Je peux présenter mes résultats sous différentes formes :**
- un texte ;
- un schéma ;
- un graphique ;
- un tableau.
- un dessin d'observation ;

Interprétation des résultats

L'interprétation des résultats est l'utilisation des observations ou de la recherche documentaire pour expliquer le phénomène étudié.

➜ **Je donne cette explication sous la forme d'une phrase commençant par « J'en déduis que ».**

Conclusion

La conclusion est la réponse claire à la question posée au départ.
C'est la validation ou l'invalidation de l'hypothèse choisie.

➜ **Je réponds au problème ou à la question de départ en commençant par l'expression « Je conclus que »**
Si l'hypothèse n'est pas validée, il faut en formuler une autre et recommencer la démarche.

Je conclus que la chaleur dégagée par le feu provoque le soulèvement du linge. Mon hypothèse de départ est donc validée.

Matériel de technologie

Machine-outil
à commande numérique

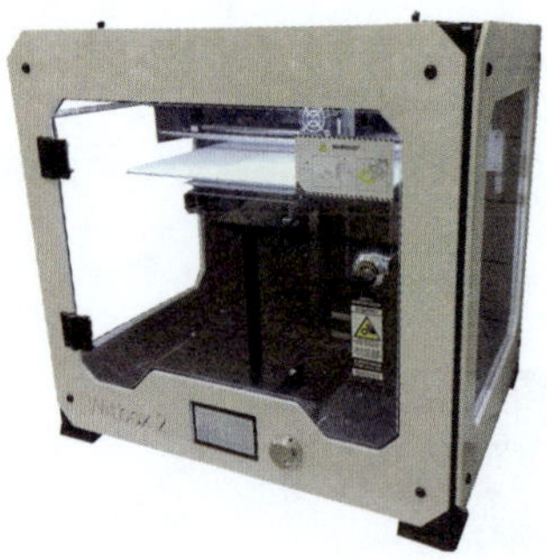

Imprimante 3D

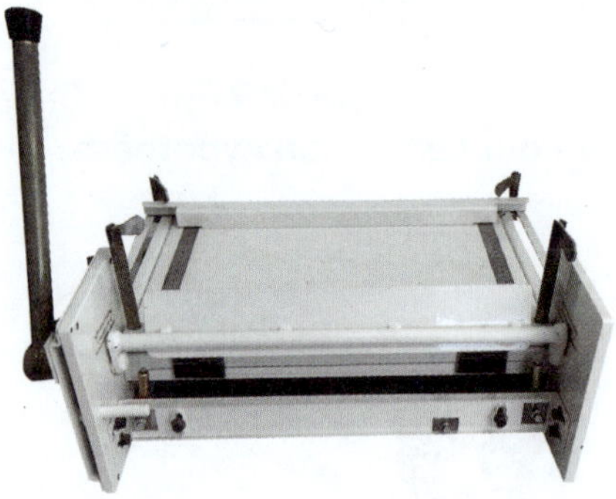

Thermoplieuse

Perceuse à colonne

Mini perceuse

Scie circulaire

pinces coupantes

pinces plates

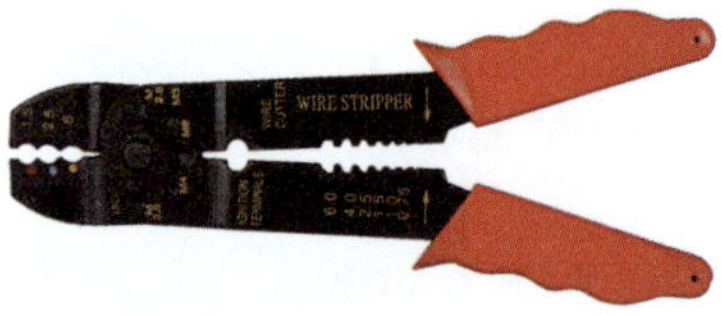

pinces à dénuder

Réglet

Tournevis cruciforme

Niveau

Tournevis plat

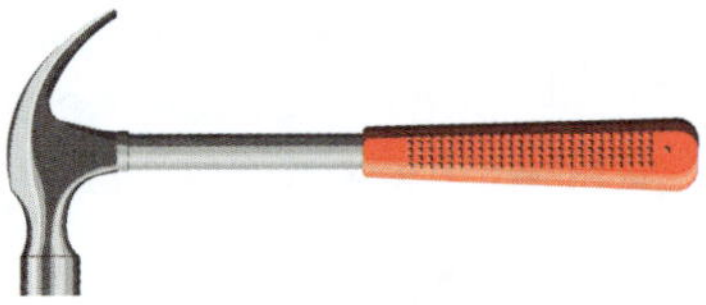

Marteau

Achevé d'imprimer en France par Pollina - 13549
Dépôt légal : Avril 2022 – Édition 01
88/4234/5